THEORY AND PRACTICE STUDY OF GREEN TRANSPORTATION

绿色交通理论探索与实践

胡兴华　黄伟宏　钟　芸　章　玉　编著

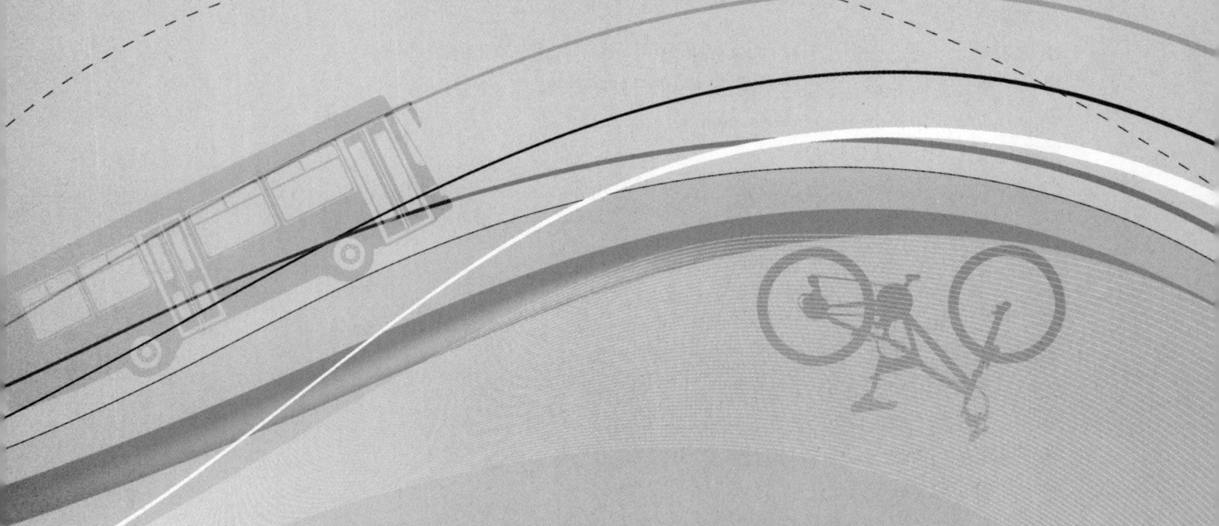

人民交通出版社股份有限公司
China Communications Press Co.,Ltd.

内 容 提 要

本书在分析交通与资源环境作用机理的基础上，归纳总结了绿色交通的内涵、发展要求与具体发展理念。全书围绕基础设施、运输装备、运输组织三大交通运输板块，充分借鉴国内外典型区域绿色交通的发展经验，搭建出推动绿色交通发展的技术手段、经济手段、管理手段和法规标准及措施体系，提出我国绿色交通发展的一般策略、绿色交通的顶层设计手段以及绿色交通发展环境优化的思路和方法。

本书理论与实践紧密结合，针对重庆交通运输体系的发展现状进行了案例分析，提出了重庆市绿色交通转型发展的思路。

本书可为城市政府和交通运输行业主管部门制定城市及交通发展政策提供参考，也可供相关规划、设计、科研、咨询等单位参考使用。

图书在版编目（CIP）数据

绿色交通理论探索与实践 / 胡兴华等编著. —北京：人民交通出版社股份有限公司，2015.11

ISBN 978-7-114-12526-3

Ⅰ.①绿… Ⅱ.①胡… Ⅲ.①交通运输发展－研究－中国 Ⅳ.①F512.3

中国版本图书馆 CIP 数据核字（2015）第 233606 号

书　　名：绿色交通理论探索与实践
著 作 者：胡兴华　黄伟宏　钟　芸　章　玉
责任编辑：杨丽改
出版发行：人民交通出版社股份有限公司
地　　址：（100011）北京市朝阳区安定门外外馆斜街 3 号
网　　址：http://www.ccpress.com.cn
销售电话：（010）59757973
总 经 销：人民交通出版社股份有限公司发行部
经　　销：各地新华书店
印　　刷：北京鑫正大印刷有限公司
开　　本：720×960　1/16
印　　张：10.25
字　　数：172 千
版　　次：2015 年 11 月　第 1 版
印　　次：2015 年 11 月　第 1 次印刷
书　　号：ISBN 978-7-114-12526-3
定　　价：32.00 元

作 者 简 介

胡兴华，男，河北石家庄人，重庆市交通规划勘察设计院(重庆市综合交通运输研究所)高级工程师，北京交通大学交通运输规划与管理专业博士研究生，交通运输部绿色交通示范项目入库专家。长期从事区域及城市交通规划、交通节能减排政策研究，主持或参与国家 863 项目、交通运输部节能减排能力建设项目、重庆市科技攻关项目等国家及省部级项目近 10 项，发表论文 30 余篇，出版《公共交通票制票价优化研究》、《交通规划模型——TransCAD 的操作》等著作，多次获得省部级荣誉奖励。

编 写 组

组　长：胡兴华　黄伟宏　钟　芸　章　玉

成　员：唐热情　郭建谱　程　悦　邓东德

陈晓艳　刘　芭　方　海　王　艳

朱　曦　苏小军　刘宝双　张译丹

前言
Preface

近年来，随着国民经济的持续快速增长，我国区域及城市发展进入了前所未有的历史阶段，但与之伴随的是经济社会发展带来的资源、环境负外部性日趋明显。据统计，2014 年中国的能源消费总量为 38.4 亿吨标准煤，一次能源消费占世界总量的 23%[1]。近年来，以雾霾为代表的典型环境污染现象引起了公众对环境问题的高度关注，大大提升了公众的环保意识与参与度。

交通运输作为经济社会的基础性产业，同时也是主要资源消耗主体、温室气体排放源和环境污染源之一。目前，我国交通运输行业在资源消耗、环境保护方面普遍存在监管手段缺乏、管理体系不健全等主要问题，我国绿色交通发展水平与国外差距明显。但我国特有的国情基础决定了不可能照搬其他国家做法，在经济结构调整的大前提下，如何系统化推进交通运输的可持续发展已成为行业发展的关键问题。交通运输部党组结合当前形势，提出建设“四个交通”，并明确“绿色交通是引领”，为交通运输的可持续发展指明了方向。自 2012 年以来，交通运输部开展了绿色循环低碳交通项目的试点示范，先后批准 4 个绿色（循环低碳）

[1]数据来源：《中国企业绿色发展报告 NO.1（2015）》。

交通省试点、26 个绿色(循环低碳)交通城市试点、20 个绿色(循环低碳)公路试点以及9 个绿色(循环低碳)港口试点,为我国发展绿色交通运输体系积累了丰富的经验。目前正处于两个五年规划的交接之际,系统梳理经验、总结教训、形成体系,对于指导下一阶段交通行业发展具有重要意义。

作为综合交通规划、交通节能减排等领域开展工作较早的专业技术机构,重庆市综合交通运输研究所已基本形成了绿色交通专业研究团队。在科技部、交通运输部、重庆市科技委员会、重庆市交通委员会的支持下,自 2007 年起该团队先后承担了国家863 项目“重庆市 CNG 汽车区域性中心城市及区间运行试验与技术考核”、交通运输部项目“交通运输节能减排量或投资额核算技术细则”、交通运输节能减排能力建设项目“交通运输装备温室气体减排量核证方法研究”、重庆市应用开发计划项目“面向交通策略评价的机动车尾气排放动态量化分析系统”、重庆市应用开发计划项目“山地城市路网机动车能耗排放分析评价技术研究”、重庆市交通科技项目“重庆绿色交通发展方式研究”等一批紧密结合形势、实用价值高的项目。几年来,在项目的研究过程中,伴随人才结构不断优化,团队整体研究水平显著上升。本书就是在相关研究成果的基础上经过提炼总结形成的专业著作。

本书在分析交通与资源环境作用机理的基础上,结合相关概念的考察,归纳总结绿色交通的内涵,并基于内涵提出绿色交通的发展要求、发展理念;通过总结国内外典型区域绿色交通发展经验,提炼对我国发展绿色交通的借鉴要点;在内涵要求和经验借鉴的双重引导下,提出绿色交通发展的一般策略和交通产业结构的绿色发展优化方法、绿色交通规划方法等;围绕基础设施、运输装备、运输组织三大交通运输板块,辅以智慧交通、管理体系,搭建技术手段、经济手段、管理手段和法规标准措施体系;提出绿色交通发展环境优化的思路和方法;最后结合重庆交通运输体系提出了其绿色转型发展的思路。

本书具有以下特点:

一是体系完整。本书涵盖了公路、水路、铁路、民航等区域交通领域和城市交通等领域,对基础设施、运输装备、运输组织、智慧交通、管理体系的绿色化策略和方法进行了较为全面的展示;首次从综合交通的视角对绿色交通的概念、策略、方法进行了梳理。

二是思路明晰。本书从交通与资源环境的作用机理出发归纳绿色交通的内涵，将“绿色”分解为6个基本理念，为评价指标的提出奠定了基础，而评价指标又进一步推动了方法的提出；在国内外经验借鉴的基础上总结出要利用技术、经济、管理、法规标准4个手段推进绿色交通发展，结合“资源与环境并重”、“结合所处环境和历史阶段动态优化”、“强调全方位介入”的绿色交通概念要求，从概念要求和经验借鉴两方面引导出基本策略，共同形成绿色交通发展的方法体系。

三是可操作性强。本书在提炼绿色交通发展方向的基础上，结合当前热点，对成熟的技术手段、经济手段、管理手段以及法规标准进行了归纳整理并力争创新，契合了当前行业需求。

在成书过程中，衷心感谢恩师北京交通大学朱晓宁教授的悉心指导，特别感谢重庆交通大学简晓春教授、重庆社会科学院彭劲松研究员等专家的热情帮助，特别感谢重庆市交通委员会对本书依托项目的支持。

本书适用的读者群体广泛，包括交通运输行业主管部门、交通运输规划、设计、科研和咨询等单位工作者，以及交通规划或交通土木方向的本科生及研究生。

由于编著者水平和时间所限，书中难免存在一些不足、疏漏及错误之处，敬请广大读者批评指正。同时，谨向本书参考文献作者致敬，由于作者疏忽，部分文献可能未列入参考文献目录内，在此也谨向该部分作者致歉并致敬！

编著者

2015 年 8 月

目录
Contents

第十一章　案例分析:重庆绿色交通发展的思考

参考文献

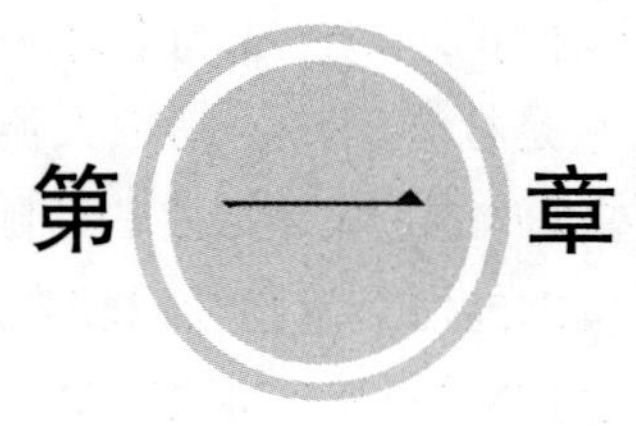

第一章

绪　论

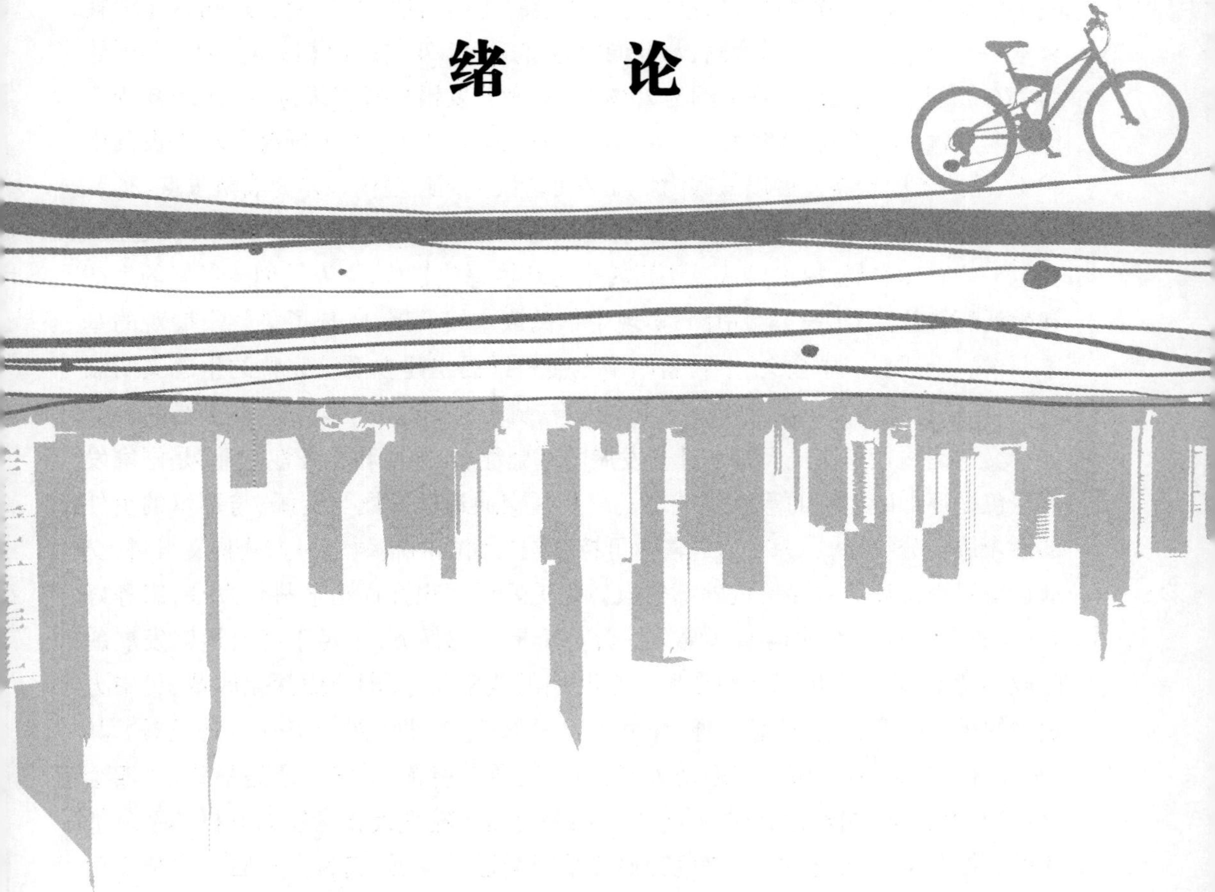

第一节 研究背景

自21世纪以来,节约能源、保护环境已成为全球关注的战略问题。交通运输是国民经济的基础产业之一,它是社会经济活动中人流和物流的纽带,同时,交通运输行业是高耗能及温室气体排放的三大领域之一。随着我国经济的持续增长及人民生活水平的提高,交通运输的能源需求将会以较高的速度增长,也会对整个国家的能源供需和环境保护产生重要的影响。根据《第一次全国污染源普查公报》,我国机动车尾气排放量占城市空气污染总量的比例高达30%,交通运输每年消耗全球一半以上的液态化石燃料,与此同时也排放近1/4与能源相关的CO_2(美国约为27%、英国约为21%、日本约为20%)。亚洲开发银行研究认为,未来25年内全球交通运输CO_2排放量将增长57%,而发展中国家的汽车CO_2排放量增长占其中80%,因此各国均将发展以低碳为特征的可持续交通运输体系作为战略重点。

党的十八大作出"经济建设、政治建设、文化建设、社会建设、生态文明建设"五位一体总体布局,提出要从源头扭转生态环境恶化趋势,为人民创造良好的生产和生活环境,努力建设美丽中国,实现中华民族永续发展,体现了科学发展观的基本要求。十八届三中全会、十八届四中全会相继提出建立系统完整的生态文明制度体系、强化生态文明法治建设等重要内容,成为我国经济社会发展的重要纲领。

交通运输业是国民经济和社会发展的基础性、先导性和服务性行业,是国家发展绿色循环低碳经济的重点领域之一。我国交通运输发展与资源、与环境的负外部性矛盾十分突出,成为交通运输业可持续发展面临的瓶颈之一。从狭义上讲,交通运输对资源环境主要呈负外部效应。为更好地实现交通运输科学发展,服务好"两个百年目标",交通运输部党组综合分析形势与任务,立足于交通运输发展的阶段性特征,研究提出当前和今后一个时期的战略任务,即全面深化改革、集中力量加快推进综合交通、智慧交通、绿色交通、平安交通(即"四个交通")的发展。其中,综合交通是核心、智慧交通是关键、绿色交通是引领、平安交通是基础。"四个交通"相互关联,相辅相成,共同构成了推进交通运输现代化发展的有机体系。加快推进综合交通、智慧交通、绿色交通和平安交通的发展,成为十八届三中全会后交通运输体系发展的方向。绿色交通的提出由来已久,但传统研究重点主要为城市交通或者基于交通工具的视角进行阐述,在交通运输部大部委制行政资源的进一步整合和生态文明建设上升为国家战略的新形势下，如何把握绿色交通的全新概念内涵成为综合交通运输体系实现良性发展的重要前置性问题。

目前，我国以节能减排为发展重点的交通绿色化发展工作正在有序推进，结合大部制对行政资源的进一步整合，为绿色交通体系的构建、完善奠定了良好的基础。然而，交通绿色化发展工作刚刚起步，重能源轻资源、重碳排放轻污染物排放的趋势明显，绿色交通中长期发展的系统性思路较为薄弱，亟待通过明确内涵、明确手段、明确各阶段的侧重点来前瞻性推进绿色循环低碳交通运输体系的良性发展，支撑"四个交通"体系建设。

第二节　我国绿色交通发展的环境和基础

1992 年 5 月，纽约联合国总部通过《联合国气候变化框架公约》，并由 190 多个国家签署。其中，我国于 1992 年 6 月 11 日签署该公约，1993 年 1 月 5 日交存加入书。公约要求发达国家作为温室气体的排放大户，采取具体措施限制温室气体的排放，并向发展中国家提供资金以支付他们履行公约义务所需的费用。而发展中国家只承担提供温室气体源与温室气体汇的国家清单的义务，制定并执行含有关于温室气体源与汇方面措施的方案，不承担有法律约束力的限控义务。

作为《联合国气候变化框架公约》的补充条款，《京都议定书》于 1997 年 12 月在日本京都通过，首次为发达国家设立强制减排目标，也是人类历史上首个具有法律约束力的减排文件，确定"清洁发展机制"（CDM）。我国于 1998 年 5 月签署并于 2002 年 8 月核准了该议定书，将履行《联合国气候变化框架公约》和《京都议定书》承诺的义务。

2007 年 12 月，在印度尼西亚巴厘岛举行的联合国气候变化大会通过了"巴厘路线图"。该路线图重中之重的内容为《巴厘行动计划》，制定了包括减缓、适应、技术和资金在内的行动纲领。其中，减缓主要包括发达国家的减排承诺与发展中国家的国内减排行动。我国与其他发展中国家一道，承诺担当应对气候变化的相应责任。

2009 年 12 月 7 日—18 日在丹麦首都哥本哈根召开了哥本哈根世界气候大会。会议主要商讨《京都议定书》一期承诺到期后的后续方案，即 2012—2020 年的全球减排协议。在本次会议上，时任中国总理温家宝郑重声明，要坚持"共同但有区别的责任”原则，中国政府承诺到2020年单位国内生产总值所排放的CO_2比2005年下降40%～45%。

2012年11月26日—12月7日在卡塔尔首都多哈召开了多哈世界气候大会，本次会议最大成果为就2013年起执行《京都议定书》第二承诺期(8年)达成了一致意见。本次会议上我国呼吁发达国家要进一步提高减排指标并完成国内批约程序、承担可比的减排指标，发达国家应就2013—2020年的资金支持作出明确的、更大幅度的承诺，妥善处理技术转让中的知识产权问题，避免采取任何形式的单边主义行为。

2014年11月12日，北京APEC(亚太经济合组织)会议期间发布《中美气候变化联合声明》。该声明中提出，美国计划于2025年实现在2005年基础上减排26%～28%的全经济范围减排目标并将努力减排28%；中国计划2030年左右CO_2排放量达到峰值且将努力早日达峰，并计划到2030年非化石能源占一次能源消费比例提高到20%左右。

2015年6月30日，我国向联合国气候变化框架公约秘书处提交了应对气候变化国家自主贡献文件，主要包括以下内容：一是所取得的成效(加快推进产业结构和能源结构调整，大力开展节能减碳和生态建设，开展碳排放权交易试点和低碳省(市)试点)；二是行动目标(我国确定了2020年和2030年的行动目标)；三是实现目标的政策和措施(在已有基础上继续努力)；四是关于2015年协议谈判的立场。

国内方面，十八大首次将生态文明建设纳入中国特色社会主义事业“五位一体”总布局；十八届三中全会进一步明确提出，建设生态文明，必须建立系统完整的生态文明制度体系，用制度保护生态环境；十八届四中全会再次强调用严格的法律制度保护环境，加快建立有效约束开发行为和促进绿色发展、循环发展、低碳发展的生态文明法律制度；国务院2015年4月出台的《关于加快推进生态文明建设的意见》，首次布局“绿色化”；2015年，《大气污染防治行动计划》《水污染防治行动计划》相继出台。随着各类政策法规的出台，一道道已被法律固定的红线横亘在交通发展前行的道路上，交通发展受资源环境制约将愈发具体和明显。

2011年，我国设立交通运输节能减排资金对天然气车辆等项目开展“以奖代补”资金补助，并确定了天津、重庆等10个城市为低碳交通运输体系城市试点；2012年新增北京、昆明等16个城市为第二批低碳交通运输体系城市试点，同年启动区域性和主题性试点工作，尝试以前置性引导的方式系统性推进低碳交通运输体系建设；2013年开展了绿色循环低碳交通区域性、主题性试点工作；2015年持续扩大示范规模，开展绿色交通省（城市）、绿色公路和绿色港口的创建工作。从相关工作开展的过程来审视，近年来我国在绿色交通领域的发展重点经历了节能减排和低碳交通—绿色循环低碳交通—绿色交通这样一个思路的演变，如图 1-1 所示。

图 1-1 思路演变

第三节 绿色交通的发展形势

我国在《中美气候变化联合声明》中承诺到 2030 年前停止增加 CO_2 排放量，这等于承诺了排放峰值点，意味着我国工业化、城镇化的增长“天花板”被量化确定。我国总体上还面临着 20% 的工业化、20% 的城镇化、20% 的能源结构调整、20 年的发展跨距，峰值目标将有利于形成倒逼机制。未来，深度工业化、城镇化阶段排放控制需要与地方政府职能转变、央地财权事权改革、财政税收体制改革等结合起来，将碳排放总量控制指标纳入政绩考核，给予地方政策创新和改革试验的灵活性和差异化评价，有效形成中央和地方转变发展方式的合力，是我国计划和实现排放峰值的出发点和最大保障。

为加快推进经济发展方式转变，提高生态文明建设水平，保护生态环境，国务院先后颁布了《关于加强环境保护重点工作的意见》《大气污染防治行动计划》《关于加快推进生态文明建设的意见》《中国水污染防治行动计划》等指导性文件。新修订生效的《中华人民共和国环境保护法》也对行业环境保护工作提出了更高要求。国家“一带一路”战略的提出，将为交通发展注入新的活力。面对经济运行的新常态，交通运输业拥有大发展的良好机遇，同时也面临资源环境约束趋紧的制约。未来一段时间，尤其是“十三五”期间，在加快发展交通运输体系的同时加快交通运输的绿色转型，是交通运输行业可持续发展的内在需求。

一、发展形势

（1）国家战略部署的出台为绿色交通发展注入新活力。党的十八大和十八届三中、四中全会对生态文明建设作出了顶层设计和总体部署，将生态文明建设纳入中国特色社会主义事业“五位一体”总体布局。国务院《关于加快推进生态文明建设的意见》首次布局“绿色化”，将经济社会的绿色化发展战略进一步落实。2015年开始实施的新版《中华人民共和国环境保护法》对污染治理提出了更为严格的排放控制要求和责任追究制度，《大气污染防治行动计划》《水污染防治行动计划》《土壤污染防治行动计划》正陆续出台，将进一步夯实绿色交通发展的法律制度保障环境。此外，《推动共建丝绸之路经济带和21世纪海上丝绸之路的愿景与行动》宣告“一带一路”进入了全面推进阶段。在此过程中，绿色交通体系的发展将被赋予更重要的使命。

（2）行业转型发展的导向为绿色交通发展指明新方向。交通运输部党组提出要加快发展“四个交通”，并明确绿色交通的引领地位。交通运输是发展的“先行官”，同时又是一个资源消耗型和污染排放型行业。未来一段时期，发展仍然是交通运输行业的第一要务。在推进生态文明建设、实现社会经济发展绿色化的时代发展主题下，交通运输行业需要勇于担责，通过加快技术创新和结构调整、促进资源节约循环高效利用、加大自然生态系统和环境保护力度，以交通运输的绿色发展全面支撑国家生态文明建设和经济发展绿色化。

二、发展要求

（1）交通运输发展新内涵要求全视角推进绿色化发展。“四个交通”的提出是新形势下交通运输部对交通运输体系的全新阐述。绿色交通不仅关注于节能减排，而且将视野拓展至资源、环境方面，要求在全视角下全方位推进。因此，绿色交通的发展应以节能环保为抓手，从节能降耗、低碳控温、资源循环利用、环境保护、污染控制等多方面进行系统性统筹规划。同时，鉴于绿色交通对经济发展外部性不明显的特点，要求交通运输主管部门在其发展进程中综合运用技术、经济、管理、法规、政策手段，实现系统性推进，最大限度地契合国家、行业、地区可持续发展的需求。

（2）管理方式的变化和控制强度的提升要求提速交通运输绿色化进程。下一阶段，我国将在主要行业推行能耗目标总量控制以及排污量目标总量控制方式，以强化对能源、温室气体、污染物的排放约束。作为主要能耗和污染物排放行业，交通运输将在国家新的管理方式和增强的控制强度下，通过分解目标、系统性降耗、优化用能结构、加强环境监测及控制等方式强化对能耗及污染物排放的管理，进而提速交通运输行业绿色进程。

(3)资源供应形势要求绿色交通发展“调存控增”。总体来看，随着化石燃料尤其是传统石油燃料储备的减少，其可利用性、经济性将逐渐降低；天然气、页岩油、页岩气等能源可利用潜力巨大；电能、生物能等新能源发展前景广阔。因此，伴随用能约束趋紧，交通运输系统的能源不仅面临增量的严格控制，还将面临调整现有用能存量的结构。此外，我国交通运输建设土地资源、水域资源等控制力度日益加大，西部地区资源尤为紧张，要求在发展交通运输体系过程中尤其要集约利用好既有土地、水域资源，对交通运输建设中新增占地、水域，需审慎评估，优化包括土地、水域、能源、排污量等既有存量资源结构，控制增量发展，确保资源红线。

第四节　绿色交通研究内容及技术路线

绿色交通研究内容如下：

(1)绿色交通概念内涵。系统分析与绿色相关概念，在交通运输系统对资源环境影响分析、交通运输与外部资源的运行机理分析基础上，提出绿色交通的内涵，并对内涵进行经济学阐述，提出绿色交通的基本途径和发展要求以及发展理念等。

(2)绿色交通建设与发展经验借鉴。总结国内外典型城市及区域低碳交通、绿色交通发展历程与经验，提炼对我国发展绿色交通的借鉴意义。

(3)绿色交通发展的基本理论。从顶层优化角度，针对传统交通运输规划方法的不足提出基于可持续理念下的绿色交通运输规划方法。从交通运输体系结构绿色化的前置性(即交通运输产业结构优化调整)和过程维护与调整(即交通运输需求管理)两个过程提出实现方法和手段。

(4)绿色交通发展的方法体系。从宏观、中观、微观层面提出绿色交通发展的基本策略制定方法，并基于绿色交通评价指标体系，从技术、经济、管理、法规标准等方面提出基础设施、运输装备、运输组织三大领域的绿色化实现方法。

(5)案例分析。以重庆绿色交通发展为例，针对重庆发展绿色交通的区位特点以及发展基础进行态势分析，在此基础上结合五大功能区规划提出重庆绿色交通体系的发展方向与发展重点。

围绕研究内容，技术思路采用“概念—理论—方法—实务”这一脉络体系，针对绿色交通涉及的主要理论、方法内容进行介绍，在此基础上运用以上理论与方法开展案例应用，详细技术路线如图 1-2 所示。

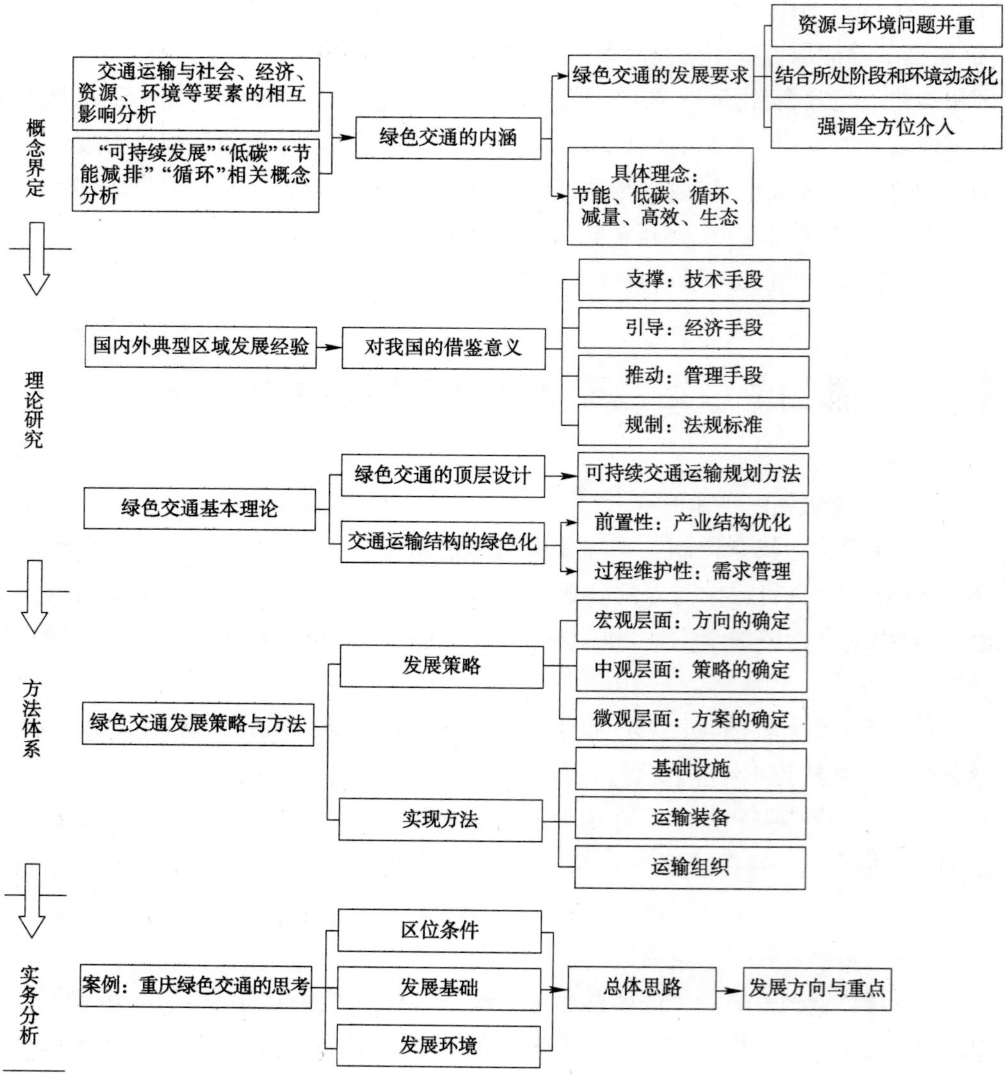

概念界定

交通运输与社会、经济、资源、环境等要素的相互影响分析

“可持续发展”“低碳”“节能减排”“循环”相关概念分析

绿色交通的内涵

绿色交通的发展要求

资源与环境问题并重

结合所处阶段和环境动态化

强调全方位介入

具体理念：节能、低碳、循环、减量、高效、生态

理论研究

国内外典型区域发展经验

对我国的借鉴意义

支撑：技术手段

引导：经济手段

推动：管理手段

规制：法规标准

绿色交通基本理论

绿色交通的顶层设计

可持续交通运输规划方法

交通运输结构的绿色化

前置性：产业结构优化

过程维护性：需求管理

方法体系

绿色交通发展策略与方法

发展策略

宏观层面：方向的确定

中观层面：策略的确定

微观层面：方案的确定

实现方法

基础设施

运输装备

运输组织

实务分析

案例：重庆绿色交通的思考

区位条件

发展基础

发展环境

总体思路

发展方向与重点

图 1-2 绿色交通研究技术路线流程图

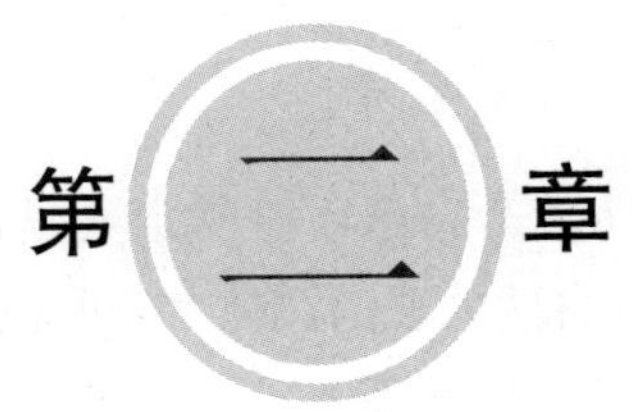

第二章

交通与资源环境的作用机理分析

第一节　环境、资源与生态系统的基本概念与关系

一、基本概念

《中华人民共和国环境保护法》关于环境的定义是，“影响人类生存和发展的各种天然的和经过人工改造的自然因素的总体”。可见，环境即是指人类环境或人类的生存环境。环境保护法在给出环境定义的同时，指出法律规定的环境保护对象“包括大气、水、海洋、土地、矿藏、森林、草原、湿地、野生生物、自然遗迹、人文遗迹、自然保护区、风景名胜区、城市和乡村等。”按照环境的不同要素，可将环境分为大气环境、水环境（包括海洋环境、湖泊环境、水域环境等）、土壤环境、生物环境（如森林环境、草原环境）、地质环境等。在环境科学上，自然环境是指对人类的生存和发展产生直接或间接影响的如大气、水、土壤、日光辐射、生物等各种天然形成的物质和能量的总和。这些环境要素构成了相互联系、相互制约的自然环境体系。

广义的自然资源是指在一定的时空条件下，能够产生经济价值，提高人类当前和未来福利水准的自然环境因素的总称（1972 年联合国环境规划署）；狭义的自然资源是指自然界中可以直接被人类在生产和生活中利用的自然物。自然资源可以分为以下三类：

（1）可再生资源：又称可更新资源，是指被人类开发利用后，能够依靠生态系统自身在运行中的再生能力得到恢复或再生的资源，如水资源、生物资源等。

（2）不可再生资源：又称不可更新资源，一般是指那些在人类开发利用后，储量会逐渐减少以致枯竭而在人类预计的时间内不能再生的资源，如矿产资源等。

（3）恒定资源：是指被利用后在可以预计的时间内不会导致其储量的减少，也不会导致其枯竭的资源，如太阳能、风能、潮汐能等。

生态系统是生命系统与环境系统在特定空间的组合。按照人为干预的程度划分，生态系统可分为自然生态系统、半自然生态系统以及人工生态系统三类。在生态系统内，生物与环境、生物与生物之间长期相互作用，最终会形成一种相对和谐、稳定的状态，这就是生态平衡。事实上，任何生态系统都处在不断运动和变化之中，系统内部存在在普遍的进化、适应、制约、反馈进程。所以，平衡是相对的。当

人为因素使生态系统的结构与功能失调时,生态系统的平衡被打破,成为生态系统的破坏,简称生态破坏。

二、环境、资源与生态系统的关系

从自然资源与自然环境的基本概念可知,自然资源与自然环境既有联系又有区别。大气、水、土地等既是重要的自然资源,同时又是组成自然环境的基本要素,它们构成大气环境、水环境、土壤环境,所以两者联系密切。但是,自然环境是指客观存在的物质世界中,影响人类生存和发展的各种自然因素的总和,而自然资源则是从人类可利用的角度定义的,强调其对人类的可利用价值。相应地将人类活动对资源环境的影响结果分为两类,第一类是环境污染或称污染型影响;第二类是资源破坏或称资源破坏型影响。

由环境及生态系统的概念可知,环境是指人类周围的一切外部客观世界,而人类生态系统则是人类与其周围的一切外部客观世界的统一整体。人类影响环境及资源的一切活动都同时影响到人类的生态系统。以生物为中心的自然生态系统也将直接或间接受到人类活动的影响。因此,在人为因素的作用下,由于环境受到污染或者资源被破坏,最终影响到相关的生态系统的平衡。

按照可持续发展的观点,人类利用可再生资源的速度不得高于可再生资源的再生速度,人类利用不可再生资源的速度不得高于可替代资源的开发速度,污染物的排放量不得高于环境的自净能力。可见,要实现资源环境与经济发展的可持续,必须把环境质量和资源利用同时作为衡量评价的两大对象因素,缺少任何一方去单独评价都是不全面的。

第二节 交通系统对资源环境的影响分析

交通运输系统的生态学效应可概括为以下几点:

(1)阻隔效应:对生物资源尤其是地面动物来说,线状交通基础设施成为一道屏障,起着分离与阻隔的作用。交通设施的分割使景观破碎,将自然生态环境切割成孤立的块状,形成生态环境岛屿化,致使生长在其中的生物系统变得脆弱,如果隔离延续若干世代后,则可能发生种内分化,不利于生物多样性保护。

(2)接近效应:交通基础设施的建设运营使沿线地区的人流和物流强度增加,

速度加快,同时也扩大了人类活动的范围,增强了对原开发强度不足区域的可达性,对自然保护和珍惜资源的保护构成了巨大威胁。

(3)城镇化效应:交通基础设施尤其是公路刺激城市区域的扩展以及农村向城镇的发展,导致沿线街道化或城镇化,从而间接地造成城镇景观代替农村景观或自然景观的巨变。

(4)小气候效应:裸露的沥青、水泥、钢轨、道砟等建材热容量小,反射率大,蒸发耗热几乎为零,升温快,灰尘和 CO_2 含量高,形成“热带”或“热岛”,使局部地区小气候恶化。

(5)环境污染效应:交通运输产生的废气、噪声、废水、振动、路面径流以及危险品运输的交通事故将给交通基础设施沿线的环境质量带来严重影响,使自然生态系统中生物的生存环境质量下降,从而影响生态系统的稳定。

交通对资源造成的影响包括 3 个方面:占用资源、消耗能源、使用材料。其中,占用资源主要指交通基础设施占用的土地、植被、河流和湖泊、山体、房屋等不可移动物;消耗能源主要指交通建设、运行过程中使用各种仪器、设备、设施、机械、车辆所消耗的电、成品油、煤炭、沼气、热能等能源;使用材料主要指交通建设、运行中的水、水泥、河沙、钢筋等建筑材料以及各类管理耗材。

交通对环境造成的影响包括两个方面:生态影响、排放影响。其中,生态影响主要指由于交通建设、交通运行造成的地形地貌、植被改变而导致的各种生物及非生物影响,如水土流失、植被破坏、动物活动区域隔断、路面径流等;排放影响主要指由于交通建设、运营造成的废气、废水、噪声、光污染、固体废物等,以及由于上述排放导致的次级效应,如大气污染、水体污染、土壤污染等。

第三节　交通与外部资源的作用机理分析

绿色交通体系的构建不是一项单一的、孤立的任务,而是涉及众多因素的复杂的系统工程,必须在宏观决策层次上、中观管理层次上、微观技术层次上加以综合体现,将交通系统与周边的基本要素及其相互关系以系统动力模型的方法进行分析,如图 2-1 所示。

其中,围绕交通运行,主要的反馈关系有如下 6 种:

正反馈环一:交通运行 + 经济发展 + 投资 + 交通运行。反馈传递关系为:如果交通系统高速运行，将促进经济发展，实现社会财富增加，进而针对交通系统投资的增加，可带来基础设施、运输装备的增加，提升交通运行效率与品质。

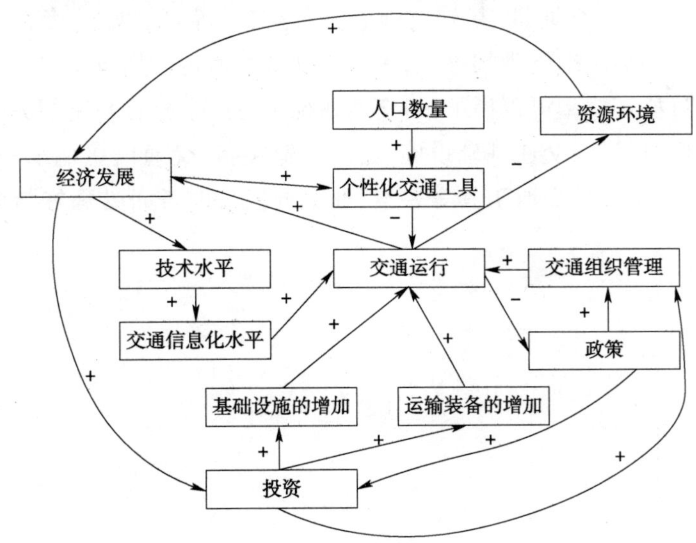

图 2-1 交通体系与外部资源运行模式

正反馈环二：交通运行 + 经济发展 + 投资 + 交通组织管理 + 交通运行。反馈传递关系为：如果交通系统高速运行，将促进经济发展，实现社会财富增加，进而针对交通系统投资增加，交通组织管理力度加大，提升交通系统运行效率与品质。

负反馈环一：交通运行 + 经济发展 + 个性化交通工具 - 交通运行。反馈传递关系为：如果交通系统高速运行，将促进经济发展，实现社会财富增加，带来小客车等社会性交通工具保有量的上升，但会降低全社会交通运行效率。因此，应降低个性化交通工具的运行比例。

负反馈环二：交通运行 - 资源环境 + 经济发展 + 技术水平 + 信息化水平 + 交通运行。反馈传递关系为：如果交通系统高速运行，将会使资源消耗量增加、环境污染增大，而良好的资源环境可促进经济发展，实现技术水平提升，促进交通运行效率提升。因此，应协调交通运行与资源环境的关系。

负反馈环三：交通运行 - 政策 + 投资 + 交通运行。反馈传递关系为：交通是社会经济系统的重要组成部分，其运行状况和政策制定息息相关。交通运行体量（包括出行量、交通量、基础设施总量、运输量等）的增加，将会引起政策负向调整，带来投资的转移，会降低交通运行品质。

负反馈环四:交通运行 - 政策 + 交通组织管理 + 交通运行。反馈传递关系为:交通是社会经济系统的重要组成部分,其运行状况和政策制定息息相关。交通运行体量(包括出行量、交通量、基础设施总量、运输量等)的增加,将会引起政策负向调整,减少对交通组织管理的投入,进一步降低交通运行品质。

同时,通过机理模型可以揭示,与交通系统运行这个核心紧密相关的因素主要有资源环境、经济发展、交通基础设施、交通运输装备、交通信息化水平、交通组织管理、交通政策、个性化交通工具等要素,在交通发展时务必处理好与上述基本要素的关系。

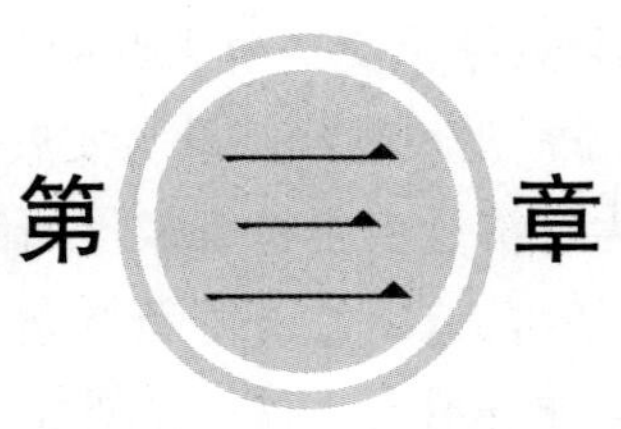

第三章

绿色交通的内涵

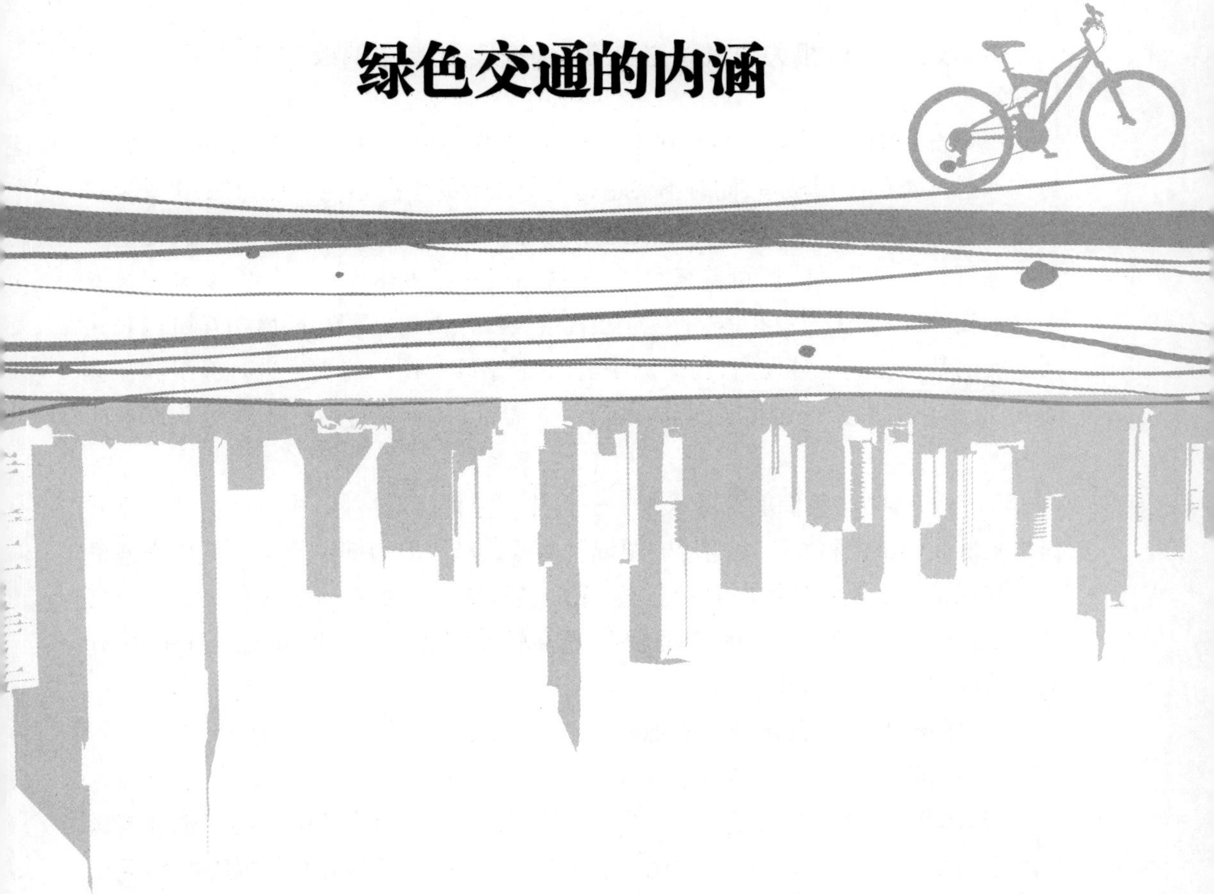

第一节　相关概念考察

交通运输属于一种经济形态,绿色交通概念对应的经济学理论基础为环境经济学、生态经济学和能源经济学。对承载经济社会发展的资源环境的反思,引发解决经济发展方式变革问题成为经济社会可持续发展研究的主旋律,在上面的经济学领域产生了绿色经济、循环经济、低碳经济等新概念,从而也派生出绿色交通运输、循环交通运输、低碳交通运输等概念。这 6 个概念的实质是一致的,都体现出转变发展方式的要求。

与"绿色"紧密相关的概念主要有"可持续发展""低碳""节能减排""循环"等。

1980 年 3 月出台的《世界自然保护大纲》首次提出"可持续发展",并将其定义为:"改进人类的生活质量,同时不要超过支持发展的生态系统的能力";1992 年联合国环境与发展大会通过了《21 世纪议程》,把"可持续发展"推向了人类共同追求的实际目标。目前,针对"可持续发展"公认的概念可表述为:"可持续发展围绕发展这一核心,以人作为中心体,是建立在社会、经济、人口、资源、环境相互协调和共同发展的基础上的一种发展,在保护环境、资源永续利用的前提下进行经济和社会的发展,更注重人类长远发展,既满足当代人需求,又不损害后代人满足其需求的能力。"

2003 年,英国《我们能源的未来——构建一个低碳经济体》中首次由政府正式提出了低碳经济的概念。交通运输领域发展低碳经济即为低碳交通。低碳交通进一步强调了减少温室气体(GHG)排放,采取各种措施减少交通运输带来的温室气体排放量,改善交通对气候的负面影响,重在转变交通运输发展方式。目前,国际上对低碳主要有以下理解:

(1)零碳,即不排放碳或者实现碳中和。

(2)减碳,即碳排放的绝对量减少。

(3)降碳,即碳排放的相对量减少,目前主要表现为碳排放强度的降低或者碳生产率的增强。由于人类社会对化石能源的依赖不可能短期内完全摆脱,因此低碳实质上是一个低碳化的过程,即遵循降碳—减碳—零碳的逐步脱碳的演进过程。目前,大部分发达国家已完成了工业化进程,进入了减碳的阶段。而发展中国家尤其是我国正处于工业化进程的重要阶段，因此我国目前还处于降碳的过程中。

节能减排是我国提出的政策，主要是针对传统模式进行革新、改造、提高，也包括技术创新和结构调整；节能减排一定程度上包含了节能以及低碳的内容和要求，是包括了低碳转型在内的总的效率提高的问题。

我国《循环经济促进法》中对“循环经济”做如下定义：在生产、流通和消费过程中进行减量化、再利用、资源化活动的总称。循环经济基本特征是“一低两再一高”，即低消耗、再循环、再利用和高效益，其根本内涵是资源的循环再利用，重要的是以最小的资源消耗和环境成本获得最大的交通运输经济和社会效益。

1989 年，英国经济学家皮尔斯在《绿色经济蓝皮书》中首次提出绿色经济概念，认为自然资本(Natural Capital)和生态服务(Ecological Services)具有经济价值，应将经济活动对生态系统的外部效应全部纳入成本核算。维基百科全书对绿色经济做如下定义：“从整个人类与地球的共同利益出发，用科学的、伦理的、注重生态的方式对精神财富和物质财富作出可持续的创造，并进行进一步公平合理的分配。”1994 年，加拿大人 Chris Bradshaw 提出绿色交通理念，基于交通工具的视角，绿色优先级由高到低为步行、自行车、公共运输工具、共乘汽车、单人自驾汽车，通过发展绿色交通工具，减少交通拥堵，降低能源消耗，改善环境，追求通达、有序、快速、安全、舒适、低能耗、低污染的交通运输模式。

人们一般从自然生态方面理解绿色，即以绿色泛指保护地球生态环境的活动、行为、思想和观念等。具体地讲，绿色的含义包括两个方面：一是保护和创造和谐的生态环境，以维护人类社会的持续发展；二是依据红色禁止、黄色警示、绿色通行的惯例，以绿色表示合乎科学性、规范性，以绿色表示人类通行无阻的可持续发展行为。也有学者从哲学角度解释绿色，即以绿色喻指征服自然的科学精神和工业主义的结合，把环境保护的思想加入改造自然、征服自然的思想框架之中，把改造生态的技术措施不断施用于工业体系之中，以更好地开发自然、利用自然，不断促进人类的发展。绿色代表了一种思想观念、思维方式、哲学思潮，更代表了人与大自然和谐相处的愿望。而绿色技术概念发端于 20 世纪 60 年代西方工业化国家的社会生态运动，绿色技术概念的产生与绿色技术的全面发展，是人类由工业文明走向生态文明的标志。一般认为，绿色技术具有如下含义：

(1)绿色技术首先是保护环境，节约能源、资源的技术。

(2)绿色技术是促进生态平衡，保持人与自然界和谐发展的技术。

(3)绿色技术不仅是某一种技术或产业部门的技术，而且是综合性、系统性技术。绿色既包含在产品的设计制造阶段,又包含在产品的回收利用阶段;既是一种技艺、技巧和方法,又是一种思想、意识和行为。

绿色发展是指在生态环境容量和资源承载能力的制约下,通过保护自然环境实现可持续发展的新型发展模式和生态发展理念。合理利用资源、保护环境、维系生态平衡是其内在的核心要素;实现经济社会、政治社会、人文社会和生态环境可持续的科学发展是其目标。

由此可见,可持续发展涉及资源、环境、社会、经济、科技、政治等方方面面,是绿色和低碳发展的总体与最终目标,是上位指导原则,其意义在于促进生态效益、经济效益和社会效益的统一;节能减排、低碳、循环从源头和结果入手,是实现可持续发展的具体措施和发展方式之一;绿色是介于可持续发展(宏观)和低碳、节能减排、循环(微观)下的一个中观概念,强调一切有利于资源环境可持续发展的理念。

绿色与相关概念的关系,如图 3-1 所示。

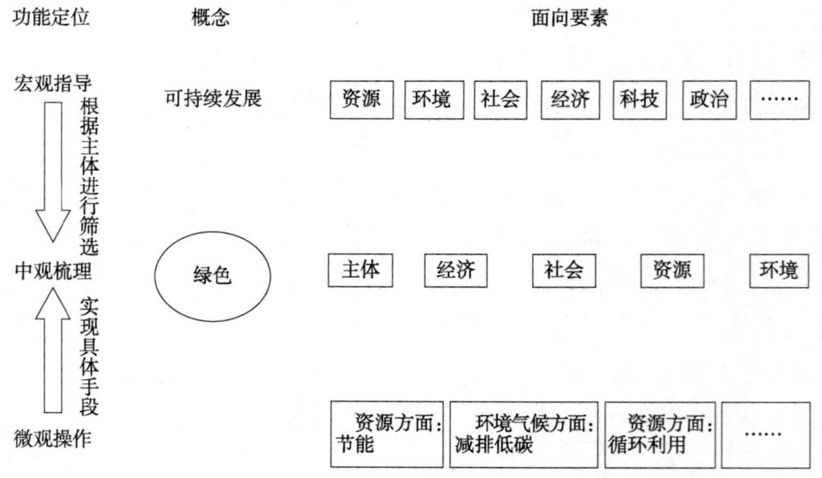

图 3-1　绿色与相关概念的关系

这些理念、思想、理论与方法传入我国后,国内学者出现大量讨论这些议题的研究文献,绿色、循环、低碳经济的理论探讨和实践探索在宏观、中观、微观等层面展开。属于中观层面的交通运输亦出台了一系列政策,如交通运输部相继出台了《公路、水路交通实施〈中华人民共和国节约能源法〉办法》《公路水路交通节能中长期规划纲要》《建设节约型交通指导意见》《公路水路交通节能中长期规划纲要》《公路水路交通运输节能减排“十二五”规划》等指导性意见或规划。

第二节 绿色交通的内涵

一、绿色交通的理论基础

1. 可持续发展理论对绿色交通的指导作用

绿色交通的目标是实现交通运输系统与资源环境、经济社会的协调发展。只有走可持续发展的道路,交通才能综合解决经济发展、环境保护和社会进步等方面的问题,实现经济效益和社会效益的均衡,因此绿色交通发展必须紧密围绕可持续发展的几个基本要求。首先,可持续发展十分强调经济增长的必要性,不仅重视经济增长的数量,更关注经济发展的质量。可持续发展要求改变传统的以"高投入、高消耗、高污染"为特征的生产模式和消费模式,实施清洁生产和文明消费。绿色交通要求均衡地考虑经济发展与环境保护两者之间的关系,经济发展不能以对环境的破坏为代价,而应注重协同发展的数量与质量、速度与效益之间的合理关系,注重根据区域的环境与资源特点进行建设,保证自然资源的可持续利用。绿色交通的发展应体现公平性原则:可持续发展强调发展应追求两方面的公平:一是本代人的公平即代内公平,要给世界以公平的分配和公平的发展权,要把消除贫困作为可持续发展进程特别优先的问题来考虑。二是代际的公平即世代公平,要认识到人类赖以生存的自然资源是有限的,要给世世代代以公平利用自然资源的权利。可持续性是可持续发展的基础,绿色交通要实现交通、自然资源的可持续利用和生态环境质量的可持续良好,体现了对可持续发展目标的追求。

2. 循环经济理论对绿色交通的指导作用

循环经济是实现可持续发展的根本模式,发展"循环经济"和"建立循环型社会"是削减污染、保护环境的重要手段,是实现可持续发展的必由之路。循环经济不但要求人们建立"自然资源—产品和用品—再生资源"的经济新思维,而且要求在生产到消费的各个领域倡导新的经济规范和行为准则。因此,在绿色交通发展的源头预防、过程管理、结果治理全过程,考虑循环经济理论所要求的减量。再用循环原则,按照循环经济的理念来削减污染、保护环境。绿色交通应切实体现循环经济的要求,以提高资源使用效率、实现废物的最小化为目标。

3. 生态学理论对绿色交通的指导作用

按照生态学理论的要求，任何生产活动都要放在生态系统物质循环和能量流动的普遍联系中、放在立体交叉的生态网络中、放在生态系统的动态平衡过程中加以考察，尊重生态系统的辩证观点。交通运输也是由社会、经济、自然三个系统复合而成的生态系统，交通的建设发展应综合考虑社会、经济、自然因素，不应以牺牲生态环境为代价，应切实注重保护生态环境，维持复合生态系统的平衡。

4. 系统理论对绿色交通的指导作用

绿色交通发展涉及经济、环境、社会等多方面的因素，而这些因素之间不是孤立的，而是存在着广泛、多层次的相互联系、相关制约和相互作用，同时这些因素按一定结构进行组合，并呈现一定的功能，成为一系列的系统——经济系统、社会系统和环境系统。这些系统自身还包括次级子系统，同时又同属于上级系统——环境经济社会系统，形成递阶层次结构。绿色交通是研究交通的发展对环境、资源、社会、经济等方面的综合影响，协调它们之间的相互关系，使系统最优化，达到可持续发展的目的。因此，系统科学的各个理论将对绿色交通的理论研究和实践具有指导意义。

二、绿色交通的基本内涵

绿色交通(Green Transport)发展包含两个要素，即绿色交通和发展。这里的发展强调的是量的选择，绿色则是质的要求和对发展方式、量的具体约束。绿色交通源自解决当前社会环境污染问题的可持续发展理念，同时也是一个发展实践目标。绿色交通更加强调交通系统的绿色性，即减少资源消耗、减少环境污染、减轻交通拥挤、促进社会公平等，更关注民众生活态度的改变，体现以人为本，寻求包括社会、经济、资源、环境等要素在发展生命周期中的综合成本最小。

在以上理念的要求下，归纳绿色交通的含义如下：绿色交通是一个以结合当前阶段、当前条件为基础，以交通运行全过程、全领域为优化范围，以“三高三低”(高效率、高循环、高碳汇、低消耗、低排放、低污染)为特征，以提升正外部性(促进社会公平、提高交通效率)、降低负外部性(降低环境污染、减少资源消耗)为手段，以实现交通、社会、经济、资源、环境5个要素和谐共生为目标[1]的系统化发展理念。

---

[1] 绿色交通体系要达到的基本目标是在经济条件允许的前提下，建设各满足社会、经济、资源、环境发展需要的交通系统，在此过程中必须监管交通环境容量、交通环境承载力和交通资源承载力，将目标周期内交通污染和资源消耗降到最低限度，提高资源环境可持续发展能力。

绿色交通作为一个系统化的概念，可以从主体、客体、过程、手段4个维度来深化对它的认识。

（1）主体：绿色交通发展的主体包括政府、企业和社会（包括公众、行业协会组织等）。

（2）客体：绿色交通发展中面向资源、环境两大要素，资源节约的对象为能源、土地、水、材料等主要资源；而环境友好涉及的对象主要是指大气、水、噪声、生态等环境。

（3）过程：绿色交通发展的过程是指资源进入交通系统中的输入端、生产和消费中的循环利用和输出端，贯穿于实施前的绿色化预处理、实施中的资源环境问题防护、实施后无害化或低害化处理等全过程。

（4）手段：按照绿色交通的概念，其实现手段应包括节能降耗、低碳控温、资源循环利用、环境保护、污染控制等系统性、具体化措施。

各方利益体对绿色交通的认识角度不一，公众对绿色交通的诉求在于保障畅通、便捷，管理主体对绿色交通的诉求在于管理高效，环境对于绿色交通的诉求在于资源节约与环境友好。

三、绿色交通的经济学阐述

自工业革命以来，人们长期追求"高消耗、高污染、高消费"的非持续发展模式，到了20世纪后半叶，人口剧增和经济发展，正在超越人类赖以生存的资源基础所能承受的极限。资源匮乏、生态恶化、环境污染、气候异常，由此产生了一系列人类生存的危机。此时，人类意识到应当实行"低消耗、低污染、适度消费"的可持续发展模式，绿色消费的概念就此兴起。绿色消费就是进行消费时，既注意对自身是否有益；又要有利于环境保护，有利于生态平衡。这种消费需求引导一个新的市场方向，加速绿色产品渗透市场和占领市场，并逐步形成一种新的市场——"绿色市场"。

交通运输本身是一种针对经济、社会、资源、环境的消费行为，具有明显的外部性特征。如前文所述，交通运输的发展将带来人们出行、物流流通环境的改善，提高社会公平性，由此带来交通运输消费的正外部性；同时，从绿色的视角来看，我们更需要关注的是交通运输消费的负外部性，即对经济社会系统其他要素的不利影响，明显的表现为交通运输系统在建设、运营或生命周期结束后处理过程中损害环境、耗费过多资源。

以上从消费角度简要阐述了绿色交通的外部性特征。交通系统的负外部性主要表现在资源环境方面，在此引入环境成本予以衡量其外部性。环境经济学将“环境成本”定义为：对象系统活动中所有与环境相关的费用及活动对环境造成的负面影响的支出。在此，我们可以将环境成本的范畴加以拓展，即包括资源、环境两大对象。根据定义，环境成本包括两方面的内容：第一部分是对象系统作出了实际支付的与资源环境相关的成本，是可以体现在会计损益报告书中的。这部分成本无论是否被纳入考虑，都是看得见、摸得着且便于显量化的，所以将之称为显性环境成本，通常也可称之为内部环境成本；与显性（内部）环境成本相对应的，就是那些由对象系统经济活动所引致但尚不能精确计算，并由于各种原因而未由对象系统承担的不良环境、资源后果。外部环境成本的度量一般有 3 种方法：一是直接度量环境质量、资源总量下降引起危害所造成的损失；二是度量由于环境质量、资源总量下降所引起的其他行业收益的减少，即采用环境质量的影子价格；三是度量清除污染所需的费用。

针对交通系统，其简略的环境成本如表 3-1 所示。

交通运输业的环境成本　　表 3-1

内部环境成本	外部环境成本
节能控温控污技术研发费用； 清洁生产设备费用（港口码头生产、节能及新能源车辆购置等）； 污染防治费（运输装备防尘防噪及尾气净化装置的购置安装及运营维护费用，基础设施关于废气、污水、噪声防治处理设备的购置安装及运营维护费用）； 排污费（煤港粉尘排污收费等）； 罚款； 基础设施建设绿化及生态修复费用； ……	土地资源占用； 水域资源占用； 植被破坏； 生物多样性损失； 资源消耗； 水、气、声、土壤污染； 人体健康受损； ……

基于绿色交通的经济学分析，可以提出交通绿色化实现的两个基本经济手段：其一，控制环境成本、实行标准管制；其二，将外部环境成本显性化，实行排污权或称之为环境资源影响权进行市场交易。

由于环境资源有价值，因此对环境资源必须实行有偿使用，坚持“使用者支付”原则，对环境资源的利用主要有两种方式：一是对环境容量资源的利用，如向环境排放污染物，消耗环境容量，使环境质量下降，对这类利用环境资源的方式，实行排污收费制度,以体现对环境资源的有偿使用。二是直接利用环境物质资源,如直接消耗环境中的土地资源、水资源、矿产资源、生物资源等,对这类利用环境资源的方式,则实行利用者补偿、开发者保护制度。

实行有偿使用,具备如下优点:第一,明确使用主权。任何单位,只有支付了环境资源使用费,才有权开发利用,否则一律视为侵犯财产权的行为,从而使未交费的单位不得任意开发资源环境,有利于环境资源的保护。第二,健全市场机制,有利于企业的公平竞争。由于环境资源具有级差性,利用不同质量的环境资源,其收益不同。对资源环境实行有偿使用后,政府部门可以根据使用环境资源的数量和质量收取一定的费用,从而把使用优质环境资源获得的超额利润转化为社会所有,从而有利于企业间的公平竞争。对环境资源实行有偿使用,使土地、水、矿产等环境资源也参与商品流通和循环过程,并实现自身价值的增值,从而促使社会生产力的提高和社会财富的增长。第三,减少环境资源的浪费和损失,促进了资源的合理利用、节约使用和永续利用。实行有偿使用后,使用者使用环境资源需交费,从而增加了使用者的成本。为了获得更多利润,使用者就会设法节约使用环境资源,以减少环境资源的使用量,从而达到节支增收的目的。如果所有的使用者都这样做,对全社会而言,就可减少环境资源的浪费,使有限的环境资源发挥其最大的功效。第四,促进环境资源的再生。国家征收环境资源使用费,可建立专门基金加以管理。对于可再生资源,投入基金促进资源再生;对于非再生资源,也可将该基金用于勘察、开荒或基础设施建设,寻找新的矿藏或改良土地等。

第三节 绿色交通的基本途径和发展要求

一、基本途径

实现绿色交通的基本途径可归纳为:

(1)单种运输方式效率提升。各种运输方式的能耗、排放和运输能力各不相同。为实现绿色交通,首先需从单种运输方式效率提升入手,通过技术创新研发新型的交通工具和清洁燃料。

(2)交通运输结构优化。交通运输系统的结构模式与主导运输方式的选择决定了社会资源消耗数量和系统效率水平。交通运输结构优化,包括对网络结构方面和运输方面的优化。

(3)交通需求有效调控。交通需求管理是一种主动控制交通需求发生量、主动引导需求时空分布状态、主动寻找交通供需关系平衡点的交通管理理念与思路。以需求管理的思想来建设和发展绿色交通,通过对出行者交通行为方式和消费观念的有效引导与调节,减少低效和不合理的交通需求,实现交通运输在过程运行中的资源效率最大化。

(4)交通运输组织与管理创新。交通运输进行管理创新,通过货运物流化、交通智能化、系统信息化、工作高效化,提高交通运输的组织、管理及服务水平,从而实现交通资源集约利用,减少温室气体及污染物排放,实现交通的绿色化。

二、发展要求

(1)资源与环境问题并重。资源与环境作为相互联系的共生概念,共同决定人类社会发展的质量。绿色交通不仅关注于能源消耗、温室气体排放、废旧材料的循环利用等当前热点问题,而且要求在资源利用、其他污染物排放等方面进行筹划;不仅关注于环境的可持续发展,同时关注于资源的可持续发展。因此,绿色交通需要从目前的能源、碳排放、废旧材料等领域突破至资源、环境的整个领域。

(2)结合所处阶段和环境动态优化。绿色交通并非一个固化的概念,而应随各进程阶段,结合各地方实际情况,合理处理当前与未来发展的关系,做具体统筹部署。发展是时代进程中的核心主题,因此进行绿色交通系统的统筹设计,需要以发展作为基本前提。跨越阶段、脱离当地实际情况进行交通系统绿色化改造,就违背了发展的本意。

(3)强调全方位介入。交通建设与运行包括实施前、实施中、实施后3个基本阶段,其中涉及资源消耗、环境影响、废弃物回收处理等环节,同时交通系统又是一个开放的系统,需要与社会、经济、资源、环境形成互动。因此,在绿色交通系统构建优化的过程中,需坚持以人为本的理念,明确边界,强调全过程、全方位绿色交通理念的贯彻介入。

第四节　绿色交通的具体理念

如上所述,绿色交通是一个在可持续发展原则指导下的中观层面的概念,需要分解至可用于具体操作层面的理念、指标。经过对绿色交通概念的归纳考察以及其发展要求的分析,交通的绿色化发展可表征在“节能、低碳、循环、减量、高效、生态”6个具体理念,该6个理念既相互联系又相对独立,各有侧重,可基本反映绿色交通的概念及要求。

(1)节能——通过结构优化、技术改进、管理优化,实现交通运输能耗水平的下降。

(2)低碳——通过用能结构优化(以清洁能源替代传统高碳能源),实现交通运输温室气体排放水平的下降。

(3)循环——交通建设与运行、废弃后资源的回收及再生利用,在交通建设工程中采用材料的可再利用化、可降解化,减少后期废弃或改建的资源处理障碍。

(4)减量——减少不必要的设备、材料投入,或既有设备的集约利用,如建筑材料用量的合理核定、云服务器的采用等。

(5)高效——交通运输系统运行高效化,包括提供畅通的交通运输基础设施、完善的出行服务信息系统、便捷的行业管理系统等。

(6)生态——降低交通运输建设、运行管理中对生态环境造成的负面影响,或通过技术实现建设、运行管理过程中的生态环境修复。

以上6个理念中,高效主要体现以人为本理念,节能、循环、减量主要体现资源的可持续化理念,低碳、生态主要体现环境的可持续化理念,同时突出了当前对于资源环境热点问题的考虑。

国内外典型区域绿色交通发展经验借鉴

第一节　国外典型区域发展经验

一、结合实际协调推进运输结构优化

作为低碳发源地的欧洲，很早就开始研究低碳交通运输相关的理论与实践。欧洲的运输与物流业组织欧洲货代组织（FFE）为运输过程制定出相应的绿色标准，加强政府和企业协会对低碳运输的引导和规划作用，规划和兴建物流设施时，注重与环境保护结合起来，逐步限制对生态环境危害最严重的公路运输的发展，大力推进铁路电气化，科学研究制定运输规划。

欧盟认为，目前的交通运输结构不符合可持续发展的要求，应当努力实现各种运输方式的平衡发展和发展多式联运。欧洲理事会将实现不同运输方式之间的平衡发展列为可持续发展战略的核心，这一形势为欧盟调整共同运输政策提供了一个契机。欧洲议会 Costa 报告中规定，通过对外部成本的核算，鼓励使用对环境影响较小的运输方式，否决被认为环境成本过高的公路项目及其他开发项目的建议。

经验表明，采取一系列有效措施小汽车的比例每年降低 1%。与其他运输方式相比，铁路成为欧盟运输结构调整是否成功的关键。德国在制定新交通网发展规划时，一个重要的出发点是基于对生态和环境的保护，重视对环境污染小的运输方式，如铁路和水运。高速铁路已成为德国国内航空运输的替代方案，其他一些国家也在积极规划高速铁路。目前，欧盟高速铁路已突破国界，正在向路网化、国际化方向发展。发展沿海运输与内河水路运输也是未来欧盟发展绿色交通的一个重要战略。根据欧盟《迈向统一欧洲的交通发展路线图——构建竞争力强、高效节能交通系统》白皮书，2050 年欧盟高速铁路网实现与所有机场、重要海港、内河水运系统之间的便捷衔接，运距在 300km 以上的公路货运将有 50% 转移至铁路或水路运输。

美国运输政策的演变过程可分为 3 个阶段：扩大运输能力的运输政策阶段、调整运输结构的运输政策阶段、促进运输业可持续发展的运输政策阶段。其中，具有标志性的事件为 1940 年通过的运输法案，首次阐明了国家运输政策，希望通过有效的管制充分实现各种运输方式的原有优势。1966 年通过的运输部法，建立了运输部，负责统领国家运输事务并制定国家运输政策，构建一个安全、高效和可靠的运输系统，以满足社会发展的需要。美国政府在1990年颁布的美国交通运输政策重视运输业对环境的影响，抑制公路使用需求，并支持修建高速铁路。运输部在2025年国家运输科技发展战略中规定，近期目标是改进运输系统结构的完善性，使国家运输基础设施新增通行能力与其运营效率保持平衡等；远景目标是通过建立高效和灵活的运输系统，促进美国经济增长及其在本地区和国际上的竞争力；总目标是建立能力充足、安全可靠、智能高效和环境友善的运输系统。

由此可见，交通运输结构能够对环境、可持续发展产生显著影响，目前已得到世界范围内的普遍公认，并已经进入实施层面。

二、推广循环经济理念和强化能源的绿色化

美国经济学家鲍尔丁1962年提出的“宇宙飞船理论”，被看作是循环经济思想的萌芽。在鲍尔丁循环经济思想的指导下，国外许多学者也提出了循环经济的一些相关理论，究其根本，都离不开3R原则，即减量化、再利用和资源化。从实践运用上来看，国外循环经济的发展从微观、中观和宏观层面来讲主要有3种模式：一是微观层面，即企业层面。最著名的是杜邦模式。美国的杜邦化学公司利用3R原则，首先在生产阶段使用对环境污染最小的原料，并把在这个阶段形成的废物合理利用，当作下一次生产的原料，形成了企业内部生产的循环，最终实现对环境的零污染。二是中观层面，即区域层面。区域层面循环经济的发展模式指生态工业园区的建立，生态工业园区发展比较迅速的国家有丹麦、奥地利、瑞典、爱尔兰等。最著名的是丹麦的卡伦堡模式。该园区通过贸易方式把对方企业的废弃物当作自己的原料，从而形成一种循环关系，使资源得到合理的利用。三是宏观层面，即社会层面。最著名的是德国的双元回收系统（DSD）模式，该系统的建立使得德国包装废弃物和利用率达到了86%以上。此外，日本的循环经济社会模型属于更加典型的社会层面的模式，更加强调在全社会范围内实现循环经济，而且还用法律的形式明文规定政府、企业和消费者在建立循环型社会中应承担的责任以及废弃物的回收比率。

为解决交通运输源的污染与碳排放问题，发达国家都将新能源作为重点研发项目，企业界也纷纷斥以巨资。在北美、欧洲和日本，燃料电池发电快步进入规模应用的阶段，将成为21世纪继火电、水电、核电后的第四代发电方式。加拿大重点发展氢燃料电池汽车，美国大力开发插电式混合动力汽车，欧洲主攻柴油动力汽车，均已取得了许多重要成果。可再生能源政策是欧盟碳减排政策的基础。尽管

生物燃料的成本高于其他形式的可再生能源，但它却是目前应对交通部门能源挑战最直接的可再生能源形式。因此，在新的能源框架中应该包括具有法律约束力的生物燃料最低目标，这个目标与可持续生产原料、汽车发动机和生物燃料制造技术的可供性相关。据保守估计，到2020年，该目标应被确定为欧盟交通运输业汽、柴油消耗总量的10%。欧盟发展蓝图还建议设立一个强制性(具有法律约束力的)目标——到2020年，可再生能源占欧盟能源消耗总量的比例达到20%。

三、使用经济手段引导交通运输装备使用

在推广绿色交通政策的道路上，发达国家十分重视经济手段的刺激效应，分别在机动车的购置、保有、使用等多个环节制定了政策加以制约。国外机动车税费政策的发展主要是从生产者和消费者两个方面制定或鼓励或限制的税费政策：一方面促进汽车制造企业改进技术，降低油耗和排放；另一方面引导消费者购买低油耗、低排放的汽车，减少自驾车出行，减轻环境影响。

设置车辆购置税：丹麦在车辆购置税中对能效高的机动车设置税收返还，油耗为4.0L/100km的车辆给予1/6的税收返还，油耗为2.2L/100km的车辆则给予高达4/6的税收返还。日本对微型车只收7000日元的购置税，而排量3.0L以上的豪华车须缴11万日元；购买清洁燃料或替代燃料的车辆可少缴汽车购置税；对新型环保、低耗油汽车采取优惠税制。法国对大排量、重污染的汽车课以重税，实行类似于汽车保险折扣和汽车保险附加费的税务奖惩办法，鼓励民众购买轻污染的车辆。政府对小排量、低污染汽车的补贴最高可达800欧元，同时对那些购买大排量汽车者征收最高可达3000～4000欧元的购置税。

推行燃油税：纵观西方发达国家较长时间的实践，燃油税无论在筹集资金、削减污染、节约能源，还是推动技术更新换代等方面都发挥了重要作用。燃油税是发达国家普遍实施的管理道路交通的最主要手段。燃油消耗与机动车驾驶成本密切相关，针对消费燃油收税，可以令驾驶者因油耗成本提高而改变购车和用车的行为，如降低机动车保有量、更多地购买小型车或燃油经济性相对更高的车辆。

征收拥堵费：征收交通拥堵费是部分发达国家和城市行之有效的手段，是指对高峰时段行驶于拥堵路段上的车辆征收额外费用，通过价格机制调节车辆在城市路网上的空间和时间分布，达到减轻路网交通拥堵的目的。本质上，交通拥堵收费就是运用经济杠杆，实现交通资源的最优配置。新加坡于1975年开始收取交通拥堵费，减少了高峰时段进入中心区的车辆。英国伦敦从2003年2月起，对在固定

时段出入市中心区划定收费范围的车辆征收交通拥堵费。挪威分别在奥斯陆和卑尔根运行了环形通行收费系统和手动收费系统,并在特隆赫姆实施了自动车辆识别系统,所有进入市中心商业区的车辆一律缴纳拥挤税。瑞典的斯德哥尔摩从2007年8月1日起,对白天进入市中心的驾驶者收取拥堵费。美国加利福尼亚州于1995年在S. R. 91线上首次施行道路拥挤收费,效果明显。纽约也正计划对在交通高峰时进入市中心曼哈顿地区的车辆收取堵车费,旨在减少市区污染,缓解交通压力。

淘汰老旧车辆:加速老旧车辆淘汰也是发达国家的普遍手段。国外政府一般通过补贴、加税等方法,引导旧车使用者作出加快淘汰的决策:法国政府规定,因淘汰使用10年以上的老旧汽车而重新购买一辆同品牌新车时,可获5000法郎的补贴奖励,这一政策的实施使73.6万辆老旧汽车得到更新;日本对车龄超过11年的柴油车、超过13年的汽油车加税10%;瑞典规定,如旧车在报废前14个月内交回,则奖励1500克朗。

四、大力发展公共交通

公交优先是当代全球性的城市交通发展理念。实施绿色交通战略的主导思想之一是自我调节成长和最小化废弃物,因此在城市首先就要优先发展道路利用率高、污染轻的公共交通。研究资料表明,出行方式以公共交通(主要形式是公共汽车和轨道交通)所占比例高的城市,即使人口密度较高,其交通能耗、碳排放和出行费用仍低于公共交通所占比例低和人口密度低的城市。因此,世界各国尤其是发达国家均十分重视公共交通的建设与发展。

瑞士的苏黎世是一个公交优先策略十分明确的城市,在路权分配、交通结构、财政政策、交通管理等方面均确保体现公交优先。巴黎提出了"让出行更方便,让巴黎呼吸更舒畅"的口号,把发展公交看作是一场关系到每个人生存环境的城市变革,公交优先作为一项重要内容写入了巴黎的中长期市政建设规划。德国柏林具有世界上功能最佳的近距离公共交通系统,仅柏林公交公司管辖的地铁、公共汽车、有轨电车及7条渡船线路,每日运行线路总长即相当于绕地球18.5圈。同样,日本东京市区每500m就能找到地铁口,地铁承担了80%的公交运量,为公交出行率世界之最。

国外一些大城市在城市中心区以外设置停车换乘系统,大大改善了中心区的交通状况。如瑞士日内瓦市鼓励外来车辆停放在收费很低的换乘停车场内,驾驶员和乘客可一律免费换乘公共交通工具。荷兰的火车站设有自行车停车处和自行车出租服务。美国各地的公共汽车大都可带几辆自行车,旧金山湾区的地铁站除了设自行车停车处外还允许自行车带上地铁。世界各地的许多机场、火车站、长途汽车站、市区公交车、旅馆之间都有极为便利的门到门的交通联系。此外,小汽车共乘(Carpooling)和自行车交通,在欧美各国均受鼓励。法国巴黎则提出了慢行交通的概念,鼓励步行和使用自行车等对环境无负面影响的交通工具。

公共交通财政补贴是各国的普遍做法。美国全国的公共交通资金来源中,37%是票价收入,5%来自联邦政府补贴,21%来自州政府补贴,34%来自地方政府补贴,其余的通过营业税、消费税或发行债券补齐。德国的城市公共交通都能得到政府的财政补助,票款收入约占公交公司收入的40%,州和城市或县政府的补助比例占公交公司收入的50%以上。同时,为保障政府公交财政补贴的顺利实现,很多国家和地区先后制定了多种有关公共交通的法律法规及税收政策,如美国的《21世纪交通平衡法》、德国的《公共市郊客运法》等。

五、土地使用与交通联合规划

土地使用的方式决定人类活动在城市不同地区的分布并形成交通需求,教育、工作、商业、娱乐与居住分布的不合理导致了大量无序的长距离出行。因此,现代发达国家以更广阔的视角,十分重视城建与交通管理部门的耦合设计。在城市发展的初期和后续不同阶段,使用合理规定城市地区功能,通过加强城市交通规划和交通需求管理,寻求高可达性、低交通需求的土地利用——交通系统发展模式,改变以往“交通需求增大(拥挤)—交通供给增加(缓和)—交通需求再增大(再拥挤)”的恶性循环发展模式,从而有计划地引导快捷高效和绿色发展的未来城市运输。

20世纪80年代末至90年代初,在洛杉矶开始制定道路交通管理计划(CMP)之前,美国地方政府只负责主要基础设施的建设,其余配套设施由开发者承担建设,这导致了土地开发无序、交通设施不足、道路拥挤。20世纪80年代中期后,美国对交通影响分析的理论体系、基本内容、分析方法与步骤、交通影响费确定的标准等进行了广泛而系统的研究。20世纪90年代初,美国联邦政府先后提出了《Clear Air Act》和《Intermodal Surface Transportation Efficiency Act》等一系列法案,促进了政府、交通工程师和开发商间的合作。土地使用交通影响分析计划是CMP的重要部分,规定在轨道交通车站1/4 mile范围内进行高密度(187个居住单元/万m^2)的居住开发，当这种开发超过土地面积一半时，要有相应的商业或零售业开发，这种居住、办公及商业混合土地开发有效减少了新的出行量。此外，香港的TOD（Transit Oriented Development）模式使城市土地利用与交通开发形成了良性循环，最终是特别行政区政府、开发商和城市居民的“多赢”。

六、加强交通需求管理

交通需求管理的理念起源于美国，目前美国、欧洲和日本等均在广泛研究和应用综合治理城市交通的TDM对策。其主要措施为通过高燃油税率、中心区限速、中心区限制停车泊位供给、中心区收取高额停车费、拥挤收费、车辆配额制等政策措施重点限制城市中心区的小汽车交通量，且大城市比中小城市的限制措施更加严厉。巴黎市政府规定，每逢空气流通不畅的无风日，则采用分单双号车牌行驶的形式来限制轿车进城。在英国伦敦、韩国首尔、新加坡等地实施拥挤收费之后，车速均有了明显提高。德国则从2003年起对汽油征收生态税，以控制私家车的过度使用。新加坡从1990年5月1日开始引入车辆配额系统，私人买车除了支付车款外还要缴纳20%的海关关税、5%的一般销售税、110%的附加注册费，以及140新元的登记费。购车者还必须花费上万新元参与竞标，购买一张有效期为10年的拥车证。

七、注重交通环保与工程美学

在多年的公路建设中，西欧诸国已制定了一系列完备的环保法律、法规，公路设计、施工建设和管理各方行为均受到有关环保法律、法规的有效约束。在道路设计、施工时，尽可能结合当地的风土人情规划合理的绿化设施，创造与景观相协调一致、美观的绿化道路空间；考虑植物和动物的生活习性而预留生物廊道，选择能改善道路环境、防边坡冲刷和水土流失的植物进行栽植。为了保护河流原始自然生态和水生生物的栖息环境，设计人员不会为了降低工程造价将河流裁弯取直，而是直接采取贴近自然但较高成本的环保措施——加大桥梁的跨径，在弯曲的河流两岸架桥。线路跨越山谷路段采用高架桥，绝不采用高填方路基；遇有山岭挡道则以隧道穿越，不轻易开山劈岭。

为避开学校、医院、居民区、疗养区等声环境敏感区域，对公路线位进行一定的调整，以减少噪声污染的受体。对公路线位无法避开的区域，采取栽植林带、设置声屏障等防治措施。西欧诸国公路两侧均可见大片森林，尤其是德国境内，公路两侧更是森林密布，公路路基、路堑均为草皮防护，路肩上满布草皮，无任何浆砌片石或混凝土等人工防护，隔音墙上攀越的藤状植物也较多，不但保护了景观，也使水土得到了很好的保持。

第二节　国内绿色交通的探索

我国对低碳、绿色的关注程度也日益加强。发展以低能耗、低污染、低排放为基础的低碳经济与生态经济，成为我国一项重要国策和战略重点，目前我国关于交通可持续发展的重点主要在低碳交通方面。交通运输部制定的“十二五”发展规划中提出的总体目标为：到 2015 年，以低碳为特征的交通运输体系建设取得明显成效，资源节约型、环境友好型行业建设取得明显进展，初步形成便捷、高效、绿色、安全的交通运输体系，基本适应国民经济和社会发展的需要。

在 2011 年举行的低碳交通运输体系城市试点启动会上，天津、重庆、深圳、厦门、杭州、南昌、贵阳、保定、武汉、无锡 10 个城市被确定为低碳交通运输体系建设试点；2013 年交通运输部启动建设低碳绿色循环交通城市区域性试点项目，低碳运输体系在试点城市的建设将为我国完善机制、开发技术、改进管理以及发现问题、探索和检验建设低碳交通运输体系的规律和途径以及下一步我国全面建设低碳交通运输体系提供宝贵经验。比较典型的城市案例主要有：

深圳市着力建设低碳交通运输体系。深圳市在交通规划、设计、建设、管理等环节践行低碳交通建设，着力构建低碳交通运输体系。一是加快低碳发展规划和政策研究；二是推进交通基础设施集约化发展；三是着力提高公共交通出行分担率；四是大力发展绿色物流、绿色航运；五是实施节能减排科技研发及成果推广应用。

杭州市的大公交体系。杭州市委、市政府制定了《关于建设低碳城市的决议》，其中的低碳交通规划，明确提出杭州要打造成“五位一体”公交零换乘城市，整个城市今后运行的就是低碳化城市交通系统。快速公交、公共自行车要实现跨江发展，常规地面公交、快速公共汽车交通、出租汽车、公共自行车、水上客车、地铁等都将融入杭州市的大公交体系中。

厦门市低碳交通规划。按照《厦门市低碳交通规划》，厦门市未来的跨区出行将以轨道交通为主，区域内出行要以公共交通为主导，自行车、步行与之相衔接。

目前,厦门市正紧锣密鼓地进行大规模岛外新城建设。在低碳交通方面,各个新城在规划区将形成以公共交通为主导、其他交通方式为补充的出行系统,营造以轨道交通车站为中心的城市生活空间、步行与自行车非机动化的接驳方式,降低对小汽车出行的依赖。

无锡市低碳型交通规划。无锡市《低碳城市发展战略规划》提出:要重点发展城市公共交通,使分担率从现在的22%提高到2015年的28%以上,2020年要达到32%以上;通过科技创新和制度创新推动交通低碳化,大力推进交通节能技术进步,积极应用高新节能运输工具;对私家车试行"允许拥有、有节制地使用"的政策,鼓励拼车,鼓励购买小排量车等环保车型,稳步发展出租汽车,利用市场机制推动交通的低碳化转型,通过燃油税、碳税等的征收,推动交通的低碳化;设立发展低碳交通的专项治理资金、专项奖金等。

第三节　对我国绿色交通发展的思考

一、借助技术手段支撑交通绿色化发展

全面挖掘技术对交通绿色化发展转型的支撑潜力,重点针对绿色基础设施、绿色运输装备以及高效型运输组织模式开展成套技术体系研发,推进依托项目的绿色效益规模化,增强示范效应;开展面向公众和面向管理两个基本方面的智慧交通体系建设,全面提高交通运转效率和决策管理效率。

二、借助经济手段引导交通绿色化发展

建立交通绿色化发展基金,以合同能源管理、碳金融、污染物金融为切入点积极建立绿色交通市场化融资体系,对基础设施、运输装备、运输组织、智慧交通、管理体系等采取以市场为主导、以政府基金为前期引导的方式,逐步形成绿色交通发展经济长效机制;进一步优化公共交通票制票价,减少出行人群对公交出行成本的敏感性,同时对公交企业采取以服务质量考核为依据的补贴方式,提高公交服务质量,从乘客的意愿和企业服务质量两方面提高公共交通出行分担率;调整税费,针对交强险、车船使用税等固定费率的税费进行浮动式改革,进一步体现"多用多交"的收费理念。适时开展城市拥堵费的征收;对节能环保型运输装备进行全过程

的经济引导,在节能车型购置补贴基础上设置节能环保车型的置换补贴、燃油补贴、维修补贴、报废回收补贴等。

三、借助管理手段推动交通绿色化发展

开展综合运输体系的顶层优化设计,明确各时间阶段综合交通各方式线网的结构配比、同一交通方式不同等级的结构配比,为实现结构性节约资源、减少环境影响指明方向;优化公共交通运营线网,进一步明确公共交通在城市交通中的定位以及公共交通各方式在大公共交通系统中的定位,对轨道交通成网阶段的常规地面公交进行系统优化,提升公共交通分担率;加强交通需求管理力度,在城市交通与区域交通中推行高利用率运输装备优先措施,出台鼓励小客车停驶的相关措施。

四、借助法规手段规制交通绿色化发展

完善《公路管理条例》等法规,明确开展绿色基础设施建设、推广绿色运输装备、开展高效运输组织各方职责和权限;结合地方交通运行特征,结合各地实际情况制定《绿色公路建设标准》《绿色港口建设标准》《营运运输装备燃料限值》等地方标准,引导基础设施、运输装备绿色化发展;出台《非营运小客车停驶奖励办法》,针对小客车停驶期间的停驶时间、奖励标准以及税费减免方面作出规定,鼓励非营运性小客车停驶,减少不必要的交通量。

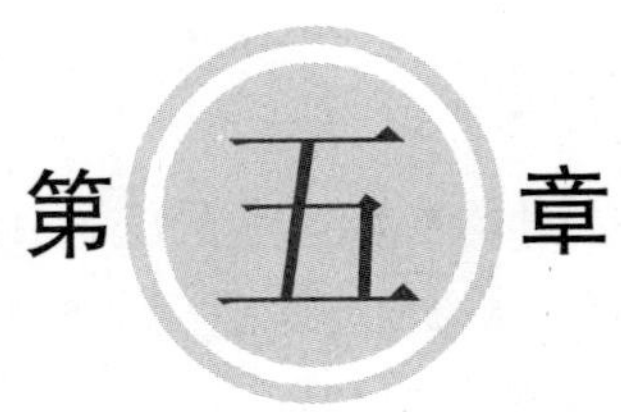

第五章

绿色交通的顶层设计

第一节　传统交通规划方法的不足

一、传统交通规划方法综述

所谓交通规划通常是指根据对历史和现状的交通供需状况和地区的人口、经济和土地利用之间的相互管理的分析研究，对地区未来不同人口、土地利用和经济发展的情形下，交通运输发展需求的分析和预测，确定未来交通运输设施发展建设的规模、结构、布局等方案，并对不同方案进行评价比选，确定推荐方案，同时突出建设实施方案（包括建设项目时序、投资估算、配套措施等）的一个完整过程。制定交通规划的主要目的可归纳为以下几个方面：

（1）交通规划是建立完善的综合运输系统的重要保障。因为交通规划可协调各种运输方式的关系，明确各种交通方式的任务和要求，使各种交通方式密切配合、相互补充，形成综合交通系统。

（2）交通规划是解决目前交通问题的根本性措施。因为交通问题是一个整体性、综合性的问题，单从增加基础设施建设投资或提高交通管理水平某一方面是不能从根本上解决问题的，而必须与社会经济发展规划相适应。通过对人、车、路、环境等诸多方面进行综合考虑，支撑和促进经济、社会方方面面的协调发展，制定全面、系统、科学的交通规划方案，才是解决交通问题的基本前提。

（3）交通规划是获得最佳交通运输效益的有效途径。因为基础设施建设投资规模、运输方式的选择、运输线路的选择、运输成本的高低以及交通管理水平的高低等都与交通规划密切相关，只有制定合理的交通规划方案，才能形成安全、畅通的交通运输网络，在经济、社会、资源、环境方面取得系统最优解。

（4）交通管理规划是实现交通科学化、现代化管理，充分利用现有交通设施资源的重要环节。交通供需矛盾的长期性和城市空间的有限性决定了我们不但要规划建设好交通基础设施，而且还要使现有设施发挥最大效益。因此，从供求两方面采取措施，通过加强交通管理来提高交通网络通行能力，是我国交通可持续发展的内在要求。

通过以上几个方面可以看出，交通规划是交通顶层设计的基本手段，合理的交通规划方案是实现绿色交通体系构建的重要前提。

交通规划的核心理论形成于20世纪50年代，我国交通规划理论研究和实践始于20世纪70年代末期。在领域内专家学者的努力下，交通规划理论的科研和实践获得了长足的进步，成为指导我国经济社会发展的重要依据。

交通规划以系统分析为基本手段。所谓系统分析，就是为了使系统的目的能最好地实现，而对系统的构成进行的分析。具体地说，系统分析是从系统长远和总体的最优结果出发，在选定系统目标和评价准则的基础上，分析组成系统的各个层次的分系统的功能和相互关系，以及系统与环境的相互影响；在调查研究、收集资料和系统思维推理的基础上，产生对系统的输入、输出以及转换过程的种种假设；在确定和不确定的条件下利用定性和定量方法，探讨若干可能替代的方案，并建立模型或用模拟方法分析对比各个不同方案，同时研究探讨可能产生的效果，综合资源配备的最佳方案所需的信息和资料。交通系统是涉及经济、社会、资源、环境等要素的复杂巨系统，因此交通规划必须用系统分析的手段来解决。

交通规划以交通供需平衡为总体目标。交通供给是指为了满足各种交通需求所提供的基础设施和服务，例如道路、车辆、车站、各种交通组织和服务等；交通需求是指出于各种目的的人或物在社会空间中进行位移的需求。供需达到平衡的最佳状态通常被理解为：道路网的总体建设规模恰好满足道路交通出行需要的要求，即交通路网总容量和交通需求总量相近或相等。除了路网等交通硬件设施影响交通需求以外，交通服务的软文化，包括交通服务水平、企业文化、政治经济等也是影响交通供需平衡的重要内容。交通供给和交通需求的失衡是影响交通发展的首要因素，也是阻碍城市健康快速发展的主要缘由。因此，交通规划的目标是必须要保证交通的供需达到平衡。

交通规划以四阶段法为具体实现步骤。交通四阶段法是以居民出行调查(Person Trip Survey)为基础，由交通生成(Trip Generation/Attraction)、交通分布(Trip Distribution)、交通方式划分(Model Split)、交通量分配(Traffic Assignment)四个阶段组成。其中，交通生成预测是研究未来年对象地区内发生的总出行量及各交通小区的发生、吸引交通量；交通分布预测是根据现状的OD分布量、交通小区的经济特征、土地利用的发展变化，找出未来各交通小区间的出行量；交通方式划分是指一个出行与一种交通方式相对应，一个地区的全部出行数中利用该种交通方式的人所占的比例；交通分配是指将把各个交通小区之间的不同交通方式的出行分布量具体地分配到各条线路上的过程。四阶段预测法作为交通需求预测的经典方法，在实际工程项目中得到了广泛的应用，其逻辑关系明确、步骤分明，是确保交通规划符合未来发展需求的主要实现方法。

社会经济的持续快速发展、城镇化进程加速、机动车保有量迅猛增加，直接导致了交通运输需求的快速增长。伴随交通运输瓶颈的解除、资源环境约束的增强，传统的"需求决定型"规划方法体系已不适用于新的发展形势，如何确定交通发展战略，建立起可持续发展的交通环境协调发展的系统框架，是目前亟待解决的问题。在这种背景下，有必要针对传统综合交通规划方法进行改进，将可持续发展的理念进一步融入，以保障综合交通规划方案在指导交通建设方面的有效性、科学性。

二、传统交通规划方法的不足

传统交通规划方法基于"交通生成—交通分布—方式划分—交通分配"的"四阶段法"，以未来的交通规划方案符合客货交通需求特征为判断准则，基于长期所处的运输瓶颈制约状态，我国传统的交通规划方法更侧重于需求对规划方案的决定关系，即未来各特征年需求总量及各方式需求量是决定进行基础设施建设总量和决定基础设施结构的基本依据。改革开放以来，由于经济的迅猛发展及城市化进程的加快，交通需求量急剧上升，为了适应经济发展的需要，交通建设部门投入了大量的建设资金进行交通系统的规划、建设，目前我国基本上建成了初具规模的交通基础设施及其配套设施，运输瓶颈制约初步缓解。但是由于传统的交通建设与管理是单一面向交通的建设与管理，没有考虑交通发展对资源的要求及对环境的影响，这种需求决定型交通规划方式由于缺乏对需求的调控引导，未经规制的交通需求缺乏对各交通方式的必要统筹，片面强调以满足交通需求、解决交通问题为终极目标，片面强调需求对方案的决定关系，忽视了顶层设计中对可持续发展理念的体现，容易导致各种运输方式的自发无序发展。因此，我国交通建设尤其是区域交通结构体系不符合可持续发展战略，诸多区域陷入"拥挤—建设—拥挤"的交通建设恶性循环中。

第二节　可持续理念下的交通规划方法改进

一、绿色交通规划方法的流程

可持续发展有四项基本原则：发展原则、协调性原则、质量原则、公平性原则，其核心是发展,实现“在保持自然资源的质量及其提供服务的前提下,使经济发展的净利益达到最大化”。交通可持续发展的内涵是交通效率、资源环境和价值观念三者的统一,其中转变传统交通观念是前提,提高交通系统效率是核心,资源合理利用与环境有效保护是基础。交通的可持续发展首先要求改变交通发展观念,由交通建设追求数量的扩张向注重综合效益转变,由满足个体交通需求向兼顾公众利益转变。交通可持续发展的核心在于实现由规模扩大为主的粗放型交通系统能力增长向提高效率为主的集约型交通系统能力增长转变。

交通系统主要由三个基本部分组成:交通供给(S)、交通需求(D)和相关的制度框架(IF)。其中,交通需求是由社会经济活动等因素决定的,交通供给是在相关制度框架下由交通系统供给的。这三个基本部分的相互影响如图 5-1 所示,其中 S_0和 D_0分别为社会系统在有效制度 IF_0下取得原始平衡状态时的供给 S 和需求 D。

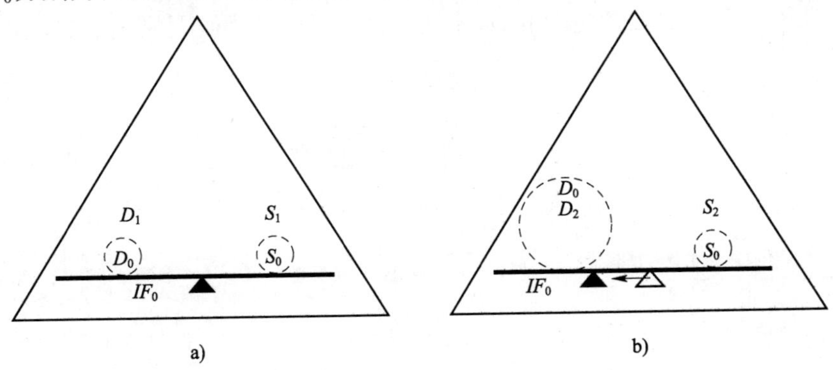

图 5-1 交通系统三个基本部分的相互关系

图 5-1a)为交通系统实现供需平衡的传统解决方案,其强调交通需求对交通供给能力的决定关系,由此确定交通基础设施和运输装备、运输组织等交通及运输供给的建设规模。其主要通过用新的建设项目、交通设施的改善以及各种交通工程手段等来满足日益增长的交通需求量,由此导致各种交通方式自发式增长,不能从根本上解决交通供给不足、交通结构绿色化程度不高的问题。图 5-1b)为新形势下的交通供需平衡解决方案,其更强调管理手段对需求结构的调整控制,从而实现交通的可持续发展。

交通结构的优化是实现可持续发展的重要方面,鉴于传统交通规划方式的需求决定型导致各种运输方式缺乏统筹的问题,基于可持续发展理念,笔者提出将交通结构的优化提升至更高要求,以实现各种运输方式的协调、可持续发展。可持续理念下的交通规划方法流程,如图 5-2 所示。改进后的综合交通规划流程为:

STEP 1:划分交通分析小区,进行交通生成与吸引量预测、交通分布预测,结合通道划分得到通道各特征年运输量,由此确定各特征年通道运输需求能力。

STEP 2:结合该区域可持续发展要求,预测资源环境承载力,在此前提下明确各运输通道交通结构发展目标,在此基础上得到通道方式划分,确定各特征年通道内各方式需求能力。

STEP 3:以通道内各方式需求能力为依据,结合通道内各路径建设环境约束要求进行交通配置。

STEP 4:建立路阻函数,在对各交通路径进行费率、技术、政策参数调整的基础上进行交通分配,确定各特征年通道内各路径的需求能力。

STEP 5:判断交通分配后通道内方式比例是否满足发展目标要求,如不满足返回 STEP 4,如满足则转入 STEP 6。

STEP 6:进行方案的生态评价,如不满足返回 STEP 3,如满足则确定方案流程结束。

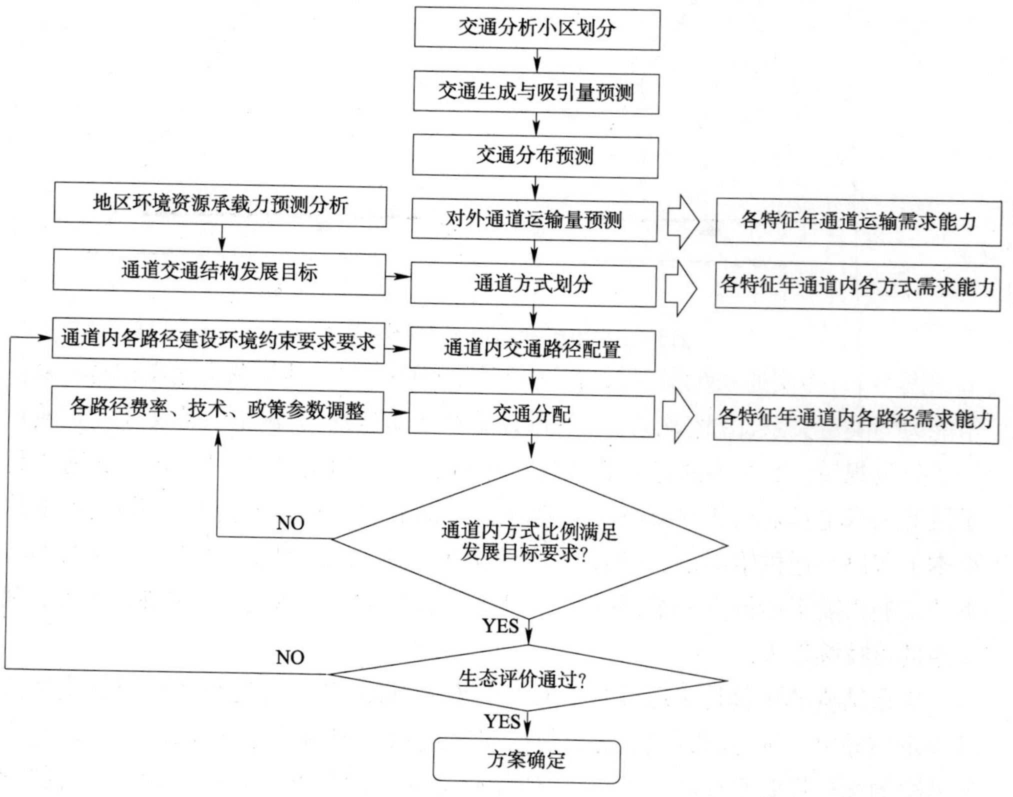

图 5-2　绿色交通规划方法

在该方法中，以传统交通规划的“四阶段法”为基础，更加强调各通道内交通结构目标对方案的引导，同时将经济、技术、政策等原属于交通管理规划的后期参数融入交通规划方案的制定过程中，强调其造成的阻抗影响对交通基础设施能力的互动影响。在顶层上确保了交通结构的同时，也从建设方面确保了各路径在生态环境约束前提下的能力匹配。

二、地区环境资源承载力对交通发展的影响

环境承载力是指某一时刻环境系统所能承受的人类社会、经济活动的能力阈值。环境承载力是环境系统功能的外在表现，即环境系统具有依靠能流、物流和负熵流来维持自身的稳态，有限地抵抗人类系统的干扰并重新调整自组织形式的能力。环境承载力是描述环境状态的重要参量之一，即某一时刻环境状态不仅与其自身的运动状态有关，还与人类对其作用有关。环境承载力既不是一个纯粹描述自然环境特征的量，也不是一个纯粹描述人类社会的量，它反映了人类与环境相互作用的界面特征，是研究环境与经济是否协调发展的一个重要判据。

要将环境承载力运用于交通规划工作，不仅要建立概念模型，还要将其量化。将交通环境承载力描述为一个函数，那么它至少包含三个自变量：时间(T)、空间(S)、交通规划行为的规模与方向(B)：

$$EBC = f(T, S, B)$$

可以看出，交通环境承载力的特征表现为时间性、区域性以及交通规划行为的关联性。不同的时刻、不同的地点、不同的行为作用力，具有不同的环境承载力。交通环境承载力既是一个客观的表现环境特征的量，又与交通规划行为息息相关。在一定时刻、一定的区域范围内，可以将交通环境系统自身的固有特征视为定值，则环境承载力随交通规划行为规模与方向的变化而变化。

交通环境承载力是一个多维向量，其每一分量又可能由多维指标构成，所以描述环境承载力的指标构成一个庞大的指标体系，从环境系统与人类社会经济系统之间的物质、能量和信息的联系角度，可以将环境承载力指标分为三部分：

(1)资源供给指标如水资源、土地资源和生物资源等。

(2)社会影响指标如环境生态治理投资、人口密度、区域出行强度、交通建设强度等。

(3)污染容纳指标如污染物的排放量、绿化状况和污染物净化能力等。

通过交通环境承载力指标体系，可以得到某一区域的环境承载力，为明确通道

或区域交通结构提供基本前提条件。

三、规划方案的生态评价

交通规划的终极目标是提供区域发展的方案与途径。鉴于交通行业是环境资源消耗性行业，交通的发展一般无法带来环境资源正面效益，因此以资源环境的最小代价换取区域可持续发展能力的增强成为规划方案成功的标志。对初步方案的评价主要包括三个方面，即投入—产出效益、能否满足规划目标的要求、对区域生态环境的影响及区域持续发展能力的综合效应。

1. 成本—效益分析

这里的成本、效益不局限于经济学角度，而是包含了资源、环境在内的广义概念。每一项规划方案与措施的实施都需要有资源以及环境成本的投入，同时，各方面实施的经过也将带来经济的、社会的或者环境的效益。各方案所要求的投入及产出的效益是有差异的。因此，对各方案进行成本—效益的分析比较，进行经济上的可行性评价，以筛选产出/投入比高的方案与措施。成本—效益分析涉及的方法已相当成熟，但在实际操作中应注意在分析时不能仅关心经济上的产出与投入，应同时重视资源与环境的代价。

2. 规划方案与规划目标

在方案评价中，还应分析各规划方案所提供的发展潜力能否满足规划目标的要求。当均不能满足要求时，通常调整规划方案或规划目标，并作出进一步的分析，即分析规划目标是否合理以及规划方案是否充分发挥了区域资源环境与社会经济的潜力。

泛目标规划模型与规划平衡表是评价各方案实现规划目标能力的有效手段。运用泛目标规划可以对各种方案的机会与风险作出定量的分析，从而可以直接得到各方案与规划的关系。规划平衡表是在效益—成本分析基础上发展起来的，利用规划平衡表可对规划方案的所有优点和不足加以评定，并测定它们的影响范围。此外，还可将成本与效益予以充分量化，借用该方法可以为实现规划目标的能力提供直观的比较。其评价过程如下：将规划方案视为由许多单个发展项目所组成的系列，然后将每个发展项目的成本、效益、社会效应、环境影响等逐项加以评定，每一项都可以货币单位或其他可测定的实际单位来表达，如对环境的影响可用污染物排放量以及影响范围来表达，对区域景观与生态系统的影响可用其开发的面积以及对景观破碎化程度来衡量。必要时还可将参与的各方案列举出来建立平衡表,最后以平衡表为基础计算总效益及总代价(包括经济成本、社会代价与环境代价),得到各发展项目的受益者与贡献者。

3. 对区域自然环境的影响及区域可持续发展能力的综合效应

交通的发展必然对区域自然环境产生或多或少的不利影响。方案与措施对环境影响的时间与空间范围是决定其取舍的重要方面。规划方案与措施的环境影响评价,主要包括下列几个方面,对自然资源潜力的利用程度、对区域环境质量的影响、对景观格局的影响以及自然生态系统的不可逆性分析等方面。

对区域可持续发展能力的评价是一个多目标、多属性的复杂问题,根据可持续发展的内涵,区域可持续发展能力可以从经济效率、社会发展水平以及发展潜力三个方面来评价。而针对交通规划方案的生态评价,则主要应从资源消耗、环境质量、抗干扰能力、生态完整性等方面予以考量,突破现有交通规划环境影响评价的范畴。交通规划方案的区域可持续发展能力评价指标体系,见表5-1。

交通规划方案的区域可持续发展能力评价指标体系 表5-1

一级指标	二级指标	三级指标
资源消耗	可再生资源	(1)水资源消耗; (2)土地资源消耗
	不可再生资源	(1)不可再生能源; (2)建材
环境气候质量	环境	(1)水环境质量; (2)大气环境质量; (3)声环境质量; (4)污染物产生强度; (5)水土流失模数
	气候	(1)温室气体产生强度; (2)小气候影响强度
抗干扰能力		(1)产业结构多样性; (2)农田旱涝保收面积比率; (3)交通土地占用率; (4)成灾率; (5)不可降解材料使用率; (6)水资源保证系数

续上表

一级指标	二级指标	三级指标
生态完整性		(1)区域自然系统不可逆性系数； (2)区域生物多样性指数； (3)区域景观连接度； (4)区域生态系统服务功能

本章提出以可持续发展下的交通结构目标为前提，结合管理手段调整交通阻抗系数的改进区域综合交通规划方法，该方法可对交通需求进行必要规制，实现交通需求满足、交通与资源环境协调发展的双赢，避免交通各方式无序发展的缺陷。该理念亦可应用于城市综合交通规划领域，实现城市交通结构的优化，支撑城市可持续发展。

第六章

交通体系结构的绿色发展优化

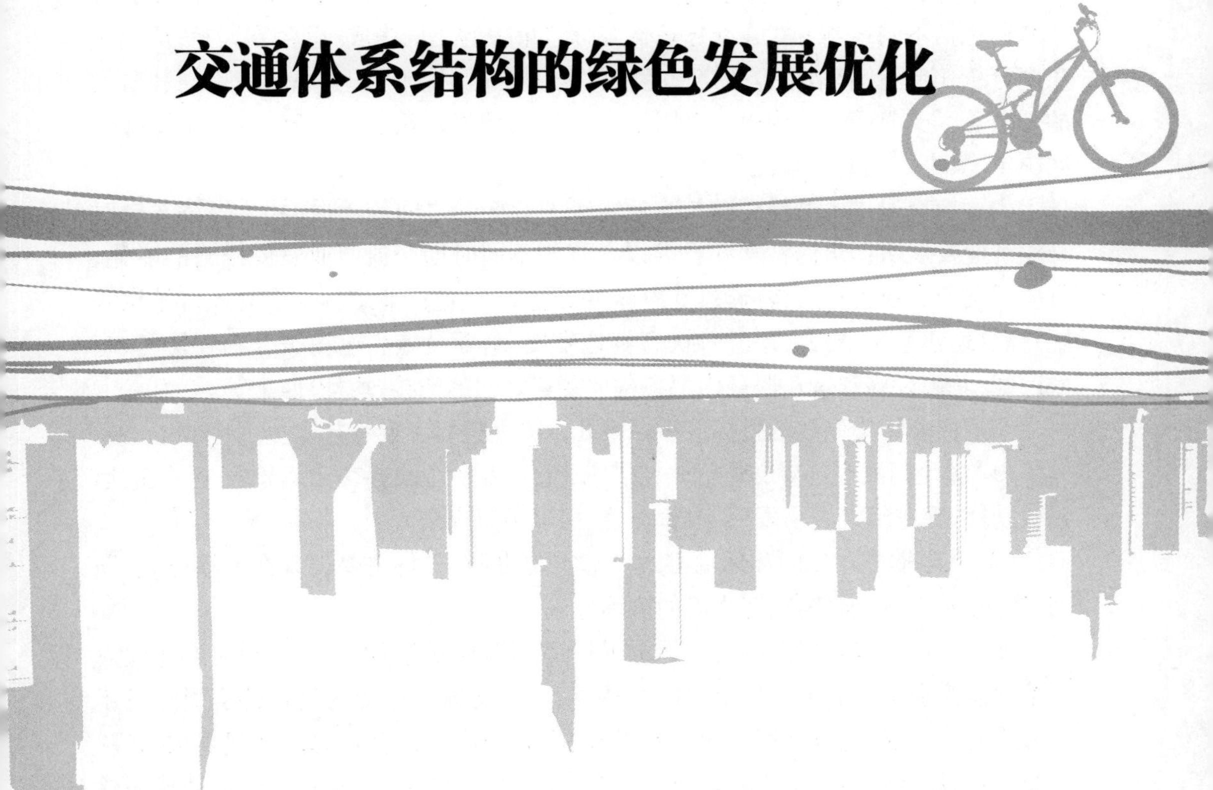

第一节　前置性手段:交通产业结构优化

一、交通产业结构的内涵及作用

结合产业结构相关理论,交通产业结构一方面可以指运输方式间的关系,另一方面可以用来解释交通体系内部的关系,即交通体系内部各行业发展的比例关系和技术关系。交通产业结构是指交通体系中各组成要素及各要素之间的构成比例及相互依存、相互制约的组成方式、协作或竞争的关系。从狭义角度分析,交通产业结构包括不同运输方式在交通运输客货总量中的比例构成、组合方式等;从广义角度分析,交通产业结构包括交通运输设施在数量、比例上的关系及在空间和时间的分布等。交通产业结构由一个国家(地区)的地形地貌、区位条件等多维因素共同决定,具有一定的完整性和合理性。

为适应交通供给的慢变性与交通需求的快变性之间的矛盾,社会经济发展对交通产业发展所提出的特殊性要求以及我国不同时期交通产业发展战略的变化,需要对交通产业进行结构调整,其内容主要包括:交通产业结构与宏观经济结构匹配;综合运输系统结构有序、协调、高效地发展;基础设施和运输服务相互均衡、有效匹配;基础设施和运输服务内部各构成要素之间的衔接、均衡、匹配等。

交通产业结构调整的目标应从以下几个方面进行考察:

(1)满足国民经济对交通运输的需求,主要表现在改善交通运输安全、提高运输机动性、促进经济贸易发展、改善环境、保障国家安全;

(2)在运输方式之间和运输方式内部实现协调发展:主要表现在运输方式、路网、线路、站点、运输装备、客货流的协调方面。

交通产业结构直接影响交通运输的产品结构和服务质量,是实现交通运输总供给与总需求平衡的关键环节,建立、调整、优化交通产业结构是保持交通运输不同方式协调发展,充分利用交通基础设施、提高经济和社会效益的客观要求,是决定交通建设、运转与环境协调发展、可持续发展程度的重要方面,是绿色交通运输系统构建的基本前提。

二、交通产业结构调整的基本方法

根据产业经济学相关研究,为分析交通产业结构合理性,需建立交通产业结构合理性判断基准，依据判断基准建立相应的分析方法，应用所建立的分析方法来分析交通产业结构合理性。交通产业结构的合理性判断基准，如图 6-1 所示。

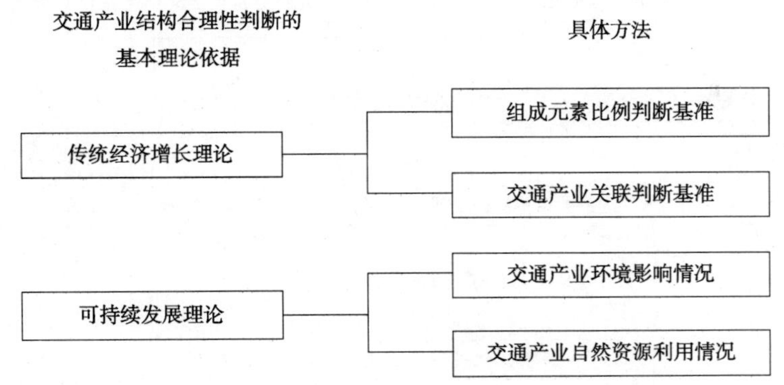

图 6-1　交通产业结构合理性判断基准

其中，交通产业组成元素比例判断基准主要由基础设施、运输组织、运输装备等构成交通产业的基本元素，通过构建相应合理性规则进行判断；交通产业关联性判断基准包括交通产业技术关联合理性分析和交通产业交换关联合理性分析。交通产业技术关联分析方法从物耗角度分析，通常有物耗水平和生产力两个指标。交通产业交换关联分析的主要方法是变动系数法，利用投入产出模型中的技术矩阵度量交通产业交换关联规模，对交通产业结构进行分析；交通产业结构环境影响情况和自然资源利用情况判断基准的建立需结合环境经济学的理论建立交通产业结构影响环境状况和自然利用度的度量指标。

交通产业结构优化调整是根据其演变机理，总结出其演变规律。根据生产力经济学对生产力系统要素及其组合方式的研究成果和相关产业演进的动力学原理，在优化过程中制定出科学的调整原则。此外，交通产业结构优化调整应把握逻辑分析与实证分析相结合、定量分析与定性分析相结合，运用运输系统工程学的观点制定优化流程。交通产业结构优化调整的一般流程，如图 6-2 所示。

交通产业结构优化是从顶层设计方面实现交通绿色化发展的基本手段之一。本节仅简要介绍交通产业结构优化的基本概念、作用和一般流程。交通产业结构优化本身涉及的外界因素很多，其实际操作是一个极其复杂的过程，需要运用多种理论工具予以解决。交通产业结构相关研究目前已日趋深入，有兴趣的读者可参阅相关资料，本书中不做深入探讨。

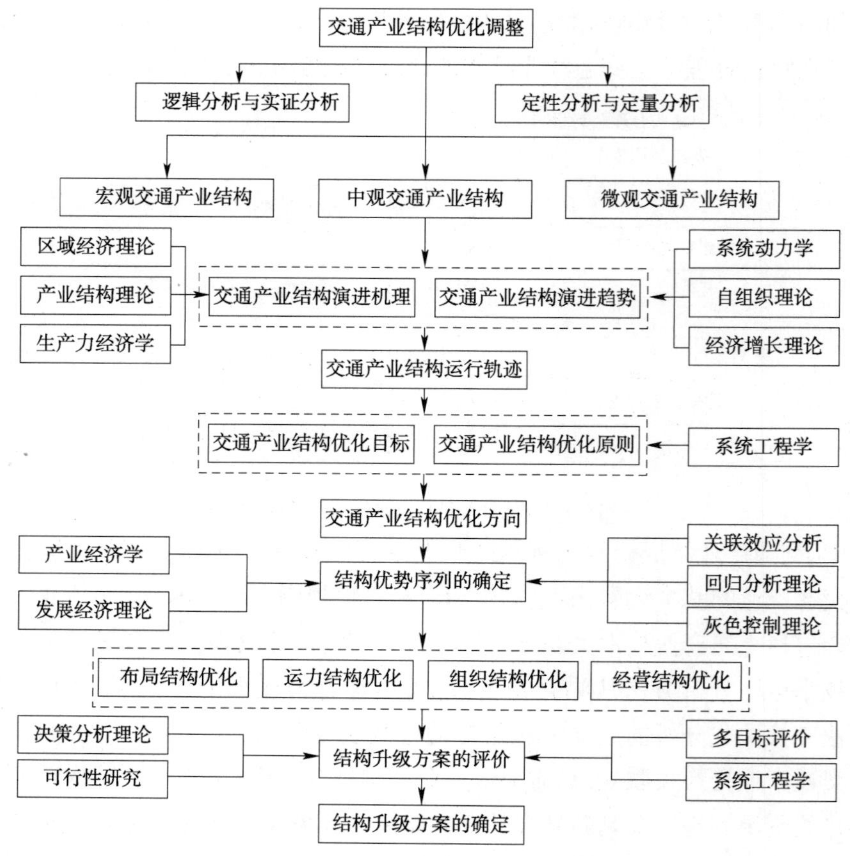

图6-2　交通产业结构优化调整流程图

第二节　过程维护与调整:交通需求管理

一、运输需求管理策略的分类

根据国内外文献对运输需求管理(TDM)策略的研究,运输需求管理策略可分为土地使用规划、鼓励使用多种交通方式、改善运输路网效率、降低对私家车的依赖四大类。土地使用规划通过提高土地密度和混合程度增加土地利用率,从而缩短出行距离或减少机动化出行;鼓励使用多种交通方式的策略目标是为提供市民更多交通出行方式的选择,包括步行、自行车、公共交通等绿色运输以及使用高乘载交通工具的合乘出行等，或增强市民选择替代小汽车出行的观念和意识；改善运输路网效率策略是通过服务质量或技术改善，以提升整体运输路网的使用效率；降低对私家车的依赖是通过财政或非财政措施，限制私家车在时间、空间上的使用，从而降低私家车出行的便利性，以减少选择私家车出行的意愿。详细内容，如图6-3所示。

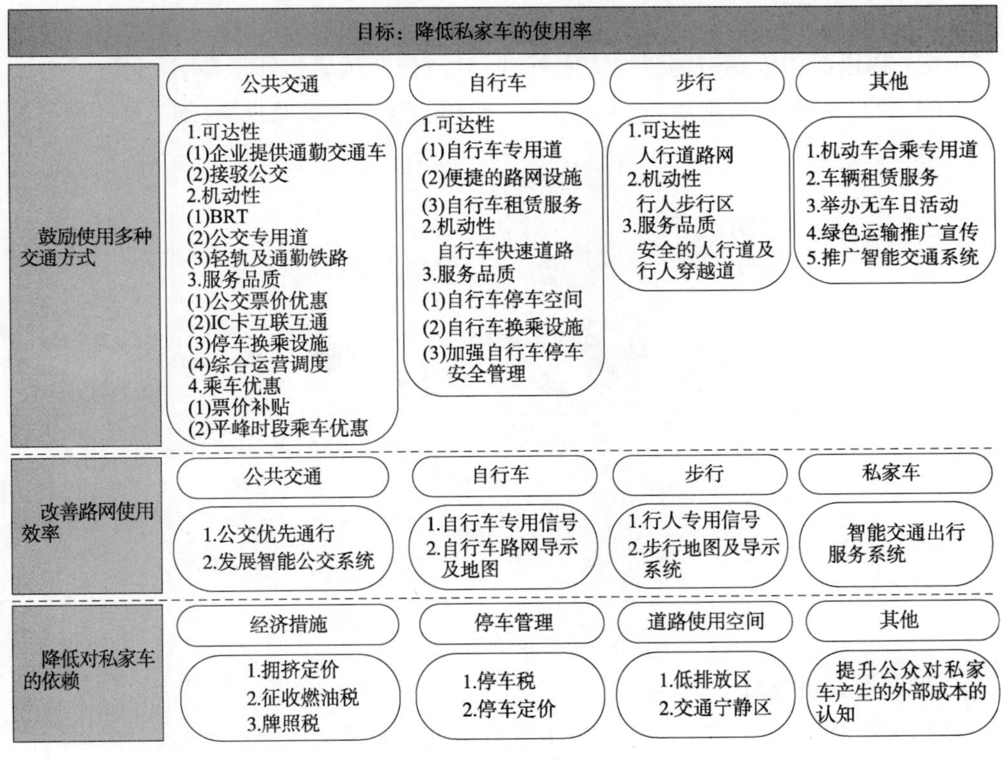

图6-3　运输需求管理策略分类

二、分类城市的需求管理策略

根据我国城市各自的政治地位、经济实力、城市规模和区域辐射力，在研究需求管理策略中将城市分为三类，第一类城市为北京、上海、广州、深圳、天津等城市人口在500万以上的大城市；第二类为城市人口在300万到500万之间的城市；第三类为城市人口在100万到300万之间的城市。

1. 第一类城市需求管理策略

第一类城市为我国经济发达的大城市或特大城市，需求管理策略的目标主要是引导市民由私家车出行转向公共交通出行，主要包括公共交通导向发展、实施交通拥挤收费、实施停车管理、实施道路空间重划、划定交通宁静区、限制私家车牌照等。

1）公共交通导向发展

公共交通导向发展即以轨道交通节点为中心，以便捷安全的非机动车路网为连通，土地开发形态朝向高密度，结合商业设施、公共服务与住宅等多元化发展。在我国人口、土地开发及公共交通路网密度高的中心城区，可加强以轨道交通站点为中心、以沿线为走廊带的线性式发展，同时结合区域周边邻里单元，完善行人及自行车附属设施，有效解决“最后一公里”问题。TOD 的策略规划，如图 6-4 所示。

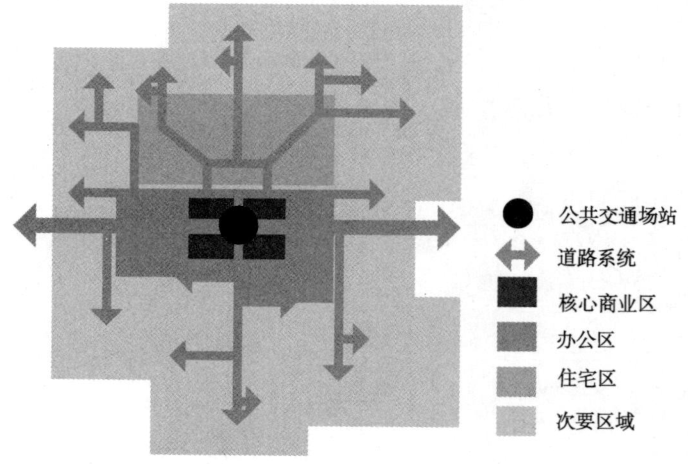

图 6-4　TOD 的策略规划图

2）交通拥挤收费

拥挤收费是为了解决交通拥堵问题、降低交通量至适当服务水平，而采取的做法。拥挤收费适合在交通拥挤现在已无法通过扩建道路或改善公共交通来解决的地区实施。拥挤收费的实施范围主要为城市核心区域，拥挤费的定价方式应随时间、地点而改变，以价格来反映交通拥挤程度，差别定价的费率可以以每 15 分钟或半小时作为定价区间，从而使驾驶员由高峰时段出行转向为平峰时段。收费方式一般以电子收费的方式进行。其中，拥挤费的收入应投资于改善该地区非机动车或公共交通服务，从而增加替代私家车出行的方便性与舒适性。实施拥挤收费可以参考斯德哥尔摩模式，首先以试行计划运行半年，接着再进行反馈、评价后正式实行，以增加市民接受拥挤收费制度的意愿。

3）停车管理

在公共交通使用率相对较高的都市化地区，停车政策应向制定最大停车供给总量管制发展,从而抑制都市区私家车出行的快速增长。新扩建的停车场应以路外停车场为主,并配建实时信息系统,避免寻找停车位导致的道路拥堵。尽量减少路边停车位,尤其在易拥堵路段,或禁止在高峰时段停车等策略,以减缓高峰时段道路拥堵问题。在停车收费上,可采取高峰定价或累进费率来反映停车需求。

4)道路空间重划

道路重构:道路空间重构的目标在于将道路优先给高价值出行或低成本出行使用,其中低成本出行包括步行、自行车、公共交通、合乘车辆。主要政策包括:将道路空间划分公交专用道、高乘载专用道、自行车专用道、人行道等,从而鼓励市民选择绿色环保的公共交通出行。此外,高都市化城市可以在人口密度高的区域设置无车区,在高峰时段禁止私家车进入。

交通宁静区:交通宁静区可规划在中心城区的住宅区内,可根据居住区对安全和环境的要求进行改善。

车牌限行:通过车牌限行措施来限制高峰时段进入特定区域的总车辆数,限行地区可视道路拥挤程度来划分。车牌限行的做法可以规定每日禁止部分车牌尾号的车辆在高峰时段进入管制区域,每季或每半年调整限行车牌组合。

2. 第二类城市需求管理策略

第二类城市为中等发达城市,在管理策略上主要包括推行公共交通导向发展、实施停车管理、实施道路空间重划等。

1)公共交通导向发展

第二类城市在公共交通导向发展中,可将规划重点放在未来发展较快或是可通过公共交通减缓交通拥堵的地区。通过提高密度与多元服务,增加公共交通使用率,在运量提升同时也刺激该地区的发展。

2)停车管理

第二类城市停车管理政策应限制市中心停车供给总量,避免停车供给随城市土地开发而大幅扩张。中等发达的城市在持续开发时,应避免因应停车需求增加而增设路边停车位,增加停车的便利性,而导致私家车出行的快速成长。在市中心,通过定价制度以减少非必要的私家车出行。引进累进费率的定价方式降低路边停车占用的时间,增加周转率,提供车位给高时间价值的出行者。

3)道路空间规划

为转变以小汽车为导向的道路规划,第二类城市可将部分道路空间划分给公共交通、行人或自行车使用。另一方面,在城市发展新区可根据公共交通导向发展,贯穿市中心的主干道应以公共交通为主、小汽车为辅,私家车可经外环道路通过该地区,作为市中心控制交通的策略。交通宁静区的规划区域可以是中心城内的住宅区或人口集中的旅游观光区。

3. 第三类城市需求管理策略

1)公共交通导向发展

针对第三类城市,土地发展形态较为分散,TOD 的土地使用规划适用于人口集中的旅游观光地区。

2)停车管理

第三类城市在停车政策上建议可先以加强停车管理、规划路边与路外停车空间为主,改善随地停车现象,避免因无序停车影响城市交通。另外,旅游景点在节假日时容易因人流聚集而造成交通拥堵,因此,可规划停车管制区,在周边设置停车场,并加强停车场与不同景点的接驳,在特定时段以停车换乘方式限制进入观光地区的私家车。

3)道路空间规划

道路重划在第三类城市中可划分部分空间给专用人行道或自行车道,以提高非机动车的可达性与舒适性,并确保行人和自行车的安全。在交通宁静区方面,可在观光地区规划交通宁静区,禁止车辆进入,另外配合停车管制措施以及道路规划,设置对行人友善的相关设计,改善该地区的交通环境,不仅能促进可持续交通,同时也能提升当地的旅游价值。

TDM 策略汇总,见表 6-1。

TDM 策略汇总表 表 6-1

城市分类	第一类	第二类	第三类
公共交通导向发展	(1)制定地方层级的 TOD 发展规范; (2)强化运输节点与邻近地区的土地使用密度; (3)主要运输节点设置综合的商业服务设施; (4) TOD 规划范围:校园、购物中心、商业区、新开发城区	(1)制定地方层级的 TOD 发展规范; (2)规划重点放在未来发展较快或是可以通公共交通以减缓交通拥堵的地区; (3)提高土地使用密度与多元服务; (4)高校周边土地的使用规划	(1)制定地方层级的 TOD 发展规范; (2)规划范围:旅游观光地区

续上表

城市分类	第　一　类	第　二　类	第　三　类
拥堵收费	特定区域、路段实施高峰时间拥挤收费		
停车管理	(1)市中心停车总量限制； (2)拥挤路段高峰时间路边禁止停车； (3)接近市中心区域实施停车管制； (4)设置停车换乘设施； (5)停车时间长短限制	(1)市中心停车总量限制； (2)建立停车收费制度； (3)避免增设路边停车位； (4)市中心路边停车采用累进费率制； (5)设置停车换乘设施	(1)加强停车监管； (2)观光地区设置停车换乘设施，并实施停车管制
道路空间重划	(1)道路空间转移给公共交通、非机动车或其他节能车辆； (2)调整道路的使用优先级； (3)商业区设置无车区； (4)配合公共交通导向发展，城市主干道使用以公共交通为主、私家车为辅的模式	(1)道路空间转移给公共交通、非机动车或其他节能车辆； (2)调整道路的使用优先级	市区道路空间部分划分给非机动车
交通宁静区	住宅区	观光地区、住宅区	观光地区
车牌限制计划	(1)禁止特定车辆在特定日期进入特定区域； (2)作为长期运输需求管理政策的先导措施		

本节中，在当前推行绿色交通的大背景与趋势下，根据我国城市发展水平，前瞻性提出不同都市化区域的 TDM 发展策略。然而，受不同城市的社会环境、生活水平、土地使用形态、运输系统等的影响，在政策制定方面，建议根据区域特性从使用者角度出发，进一步探讨不同地区、不同特性的运输行为和选择意向，以提高政策推动的效果。同时，可尝试研究 TDM 分析评估方法，建立更详细的土地使用、运输系统与运输需求间的关联性，增加对 TDM 的实证分析，统计 TDM 实施前后的交通量变化、出行比例结构以及减排效果等，以作为地方政府未来选择 TDM 策略的量化参考指标。

第七章

绿色交通发展基本策略

第一节　宏观层面:方向的确定

一、发展总体思路

以绿色交通的内涵为基本出发点,以借鉴国外成功经验为辅助手段,明确绿色交通发展思路。

绿色交通发展要求为资源与环境问题并重、结合所处阶段和环境动态化优化、强调全方位介入,因此在发展思路中必须将目前的着眼点从能源、碳排放上升至资源、环境层面;应结合当地实际进行绿色交通发展战略的制定而不能照搬其他地区做法;应面对交通体系中的所有构成内容要素,从源头预防、过程管理、结果治理三个基本环节系统着手,进行全过程生命周期的绿色化干预。

而在具体操作层面,通过对国内外发展经验进行梳理提取得到借助技术手段支撑、借助经济手段引导、借助管理手段推动、借助法规手段规制实现绿色交通发展。

由此,可归纳绿色交通发展的总体思路为:以科学发展观为指导,以生态文明建设为主基调,以适应社会经济发展,满足民众高效、便捷、经济、安全、公平、绿色出行和运输为宗旨,以提高资源利用效率、减少污染排放、降低生态负影响为核心,以建立起高品质、人性化的交通运输系统为目标,结合当地实际,面向五个领域❶、针对三个环节❷、贯穿六个理念❸、运用四个手段❹,以推进基础设施、运输装备、运输组织体系绿色化发展为重点,以建设智能交通系统和完善管理体系为手段,逐步建立节能、低碳、循环、减量、高效、生态的绿色交通运输体系。

在此基础上,可进一步明确绿色交通发展的原则为:

(1)动态递进,分段实施。充分分析当地经济社会发展特点,结合所处历史阶段、任务、要求,始终围绕发展这一核心,突出可持续理念,分别制定适用于不同区域、不同发展阶段下的绿色交通发展方式。

---

❶ 五个领域分别为基础设施、运输装备、运输组织体系、交通信息化、能力建设及管理体系。

❷ 三个环节分别为源头预防、过程管理、结果治理。

❸ 六个理念分别为节能、低碳、循环、减量、高效、生态。

❹ 四个手段分别为技术体系、经济手段、管理手段、法规标准。

(2)资环并重,突出重点。突破能源、低碳的概念,在资源、环境两大领域全面贯彻绿色理念。将绿色进行指标分解,落实至操作层面,明确各阶段优化重点。

(3)体系推动,注重实效。从交通运输体系涉及的基础设施、运输装备、运输组织、交通信息化、管理体系五个领域着手,实现交通运输绿色化的成体系推动,并通过树立各领域典型,以点带面,推动全行业绿色发展。

(4)优化环境,强化责任。积极推进绿色交通运输法律法规和标准体系建设,着力改善法制环境,加强地方立法权的应用,针对绿色交通开展地方性法规的完善工作,突出政府主导作用。以地方法规的落实实现政府、企业和公众共同参与的协同推进机制。

二、基本方向

1. 五个领域系统性推进

围绕基础设施、运输装备、运输组织这交通运输三大主业,辅以智慧交通体系、管理体系两个领域,全面整合资源、全面推进交通运输体系的绿色转型发展。

(1)推动交通基础设施全生命周期的绿色转型。从资源、能源、材料等角度入手,开展公路、铁路、水路、航空等基础设施在规划与设计、建设与施工、运营与管理等环节的绿色理念贯彻,实现其绿色转型发展。

(2)开展绿色交通运输装备推广。以可再生能源、清洁能源为主要导向,结合既有技术装备的节能挖潜,在提高交通运输装备能源利用效率的同时以减少运输装备的温室气体排放为重点,推进绿色交通运输装备绿色化。

(3)全方位优化运输组织体系。从综合交通运输体系的视角对运输结构进行顶层优化,以实现客运零距离换乘和货运无缝衔接、提高交通运转和能源利用效率为目标,加快形成便捷、安全、经济、高效的综合运输体系。

(4)建立高效的公众出行信息服务系统和智能决策支持系统。建立综合运输公共信息平台,加快现代信息技术在交通运输领域的研发应用,逐步实现智能化、数字化管理。

(5)完善管理及其支撑体系体制机制。以"十三五"规划为契机,抓紧整合交通运输节能减排、环保、资源循环利用、污染防治等相关资源,明确相关发展战略。完善绿色交通运输统计监测考核体系、绿色交通运输市场机制、碳排放交易机制,建立完善交通运输节能减排实验室、环保技术研发中心等技术创新和服务体系建设。

2. 三个环节全周期介入

交通运输系统尤其是基础设施的生命周期包括实施前、实施中和实施后三个基本环节，其中涉及资源占用、能源消耗、材料消耗、废弃物排放、废弃物处理、生态改变、生态维护等多个步骤，为实现绿色理念在交通运输系统中的落地厘清思路，应将交通运输系统五个领域分别进行三个环节划分，分步骤、分阶段地实现全生命周期绿色化。

3. 六个理念多视角贯通

将绿色这一中观层面的概念进行分解，涵盖节能、低碳、循环、减量、高效、生态六个方面操作性较强的理念。在制定相关政策、统筹考虑成套技术体系的过程中，应从这六个方面分别进行考察，实现绿色概念在交通运输系统的全方位贯彻。

4. 四个手段全方位支撑

对绿色交通支撑的四个手段分别为技术体系、经济手段、管理手段和法规标准，这是基于国内外典型区域绿色交通成功经验总结而得出的基本策略。

(1)技术体系支撑。针对当前对绿色交通技术体系理解不全面的问题，全面梳理基础设施、运输装备、运输组织绿色化发展方面的技术形成体系，便于结合具体项目区别采用。

(2)经济手段引导。一般而言，节能、循环、减量、高效等理念对于交通运输参与主体具有经济驱动效应，低碳理念可通过日益形成的市场机制实现经济效益，而生态则需要行业主管部门进行经济方面的支撑以实现引导。在目前国家及地方节能减排资金的基础上❶，结合各理念要求、特点，制定不同的经济政策，以实现对绿色交通发展在宏观方面的引导。

(3)管理手段推动。针对不同区域采取不同的政策体系，严格执行相关制度办法，实现对绿色交通发展在中观层面上的推动。

(4)法规标准规制。以行业标准、地方性法规、地方标准为切入点，建立绿色交通基础设施、运输装备、运输组织相关的规范标准，以实现对绿色交通发展在微观层面上的规制。

全过程、全方面采用技术、经济、管理、法规四个基本手段，对基础设施、运输装

❶ 补助来源包括交通运输节能减排专项资金、民航节能减排专项资金、工业和信息化部节能补贴资金、节能减排财政政策综合示范奖励资金以及地方交通运输节能减排专项资金等。

备、运输组织三个核心领域开展绿色化发展体系构建，全面推动绿色交通运输体系发展。

第二节 中观层面：策略的选择

一、选择的基本方法

按照竞争战略的完整概念，战略应是一个对象主体“能够做的”（即组织的强项和弱项）和“可能做的”（即环境的机会和威胁）之间的有机组合。策略的选择一般包括三个阶段：信息输入阶段、匹配阶段、决策阶段，其中涉及多种模型及方法的选用，如图7-1所示。

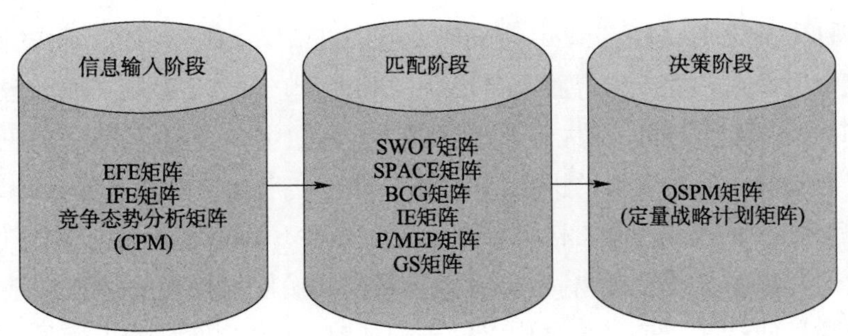

图7-1 发展策略选择的基本步骤

在绿色交通发展策略中，要紧密结合当地的现状基础及未来发展态势，因此态势分析法（SWOT模型）对策略选择的契合度较高。与其他的分析方法相比较，SWOT分析从一开始就具有显著的结构化和系统性的特征。就结构化而言，首先在形式上，SWOT分析法表现为构造SWOT结构矩阵，并对矩阵的不同区域赋予了不同分析意义。其次在内容上，SWOT分析法的主要理论基础也强调从结构分析入手对主体的外部环境和内部资源进行分析。运用这种方法，可以对研究对象所处的情景进行全面、系统、准确的研究，从而根据研究结果制定相应的发展战略、计划以及对策等。

SWOT模型分析法是综合考虑了主体所面临的外部环境因素和内部资源能力因素，进而分析主体的优势（Strengths）、劣势（Weaknesses）以及其所面临的机会（Opportunities）和威胁（Threats）的一种方法。SWOT模型分析法是根据主体的优势、劣势及机会、威胁设计战略，以此来获取独特的竞争优势，其应用灵活、分析、表述清晰，具有极强的应用价值。建立步骤为：

(1)列出主体的关键外部机会。

(2)列出主体的关键外部威胁。

(3)列出主体的关键内部优势。

(4)列出主体的关键内部劣势。

(5)将内部优势与外部机会相匹配，列出 SO 战略。

(6)将内部劣势与外部机会相匹配，列出 WO 战略。

(7)将内部优势与外部威胁相匹配，列出 ST 战略。

(8)将内部劣势与外部威胁相匹配，列出 WT 战略。

二、策略的选择

在 SWOT 分析下，绿色交通共有四种基本发展策略，见表 7-1。其中，SO 策略是指绿色交通体系在发展中寻找与自己优势相匹配的机会，这是一种理想的战略模式，能最大限度地发挥内部优势和充分利用外部机会；WO 策略是指绿色交通体系克服自身的弱点寻找发展的机会，即利用外部机会来弥补内部劣势，使劣势有所改善；ST 策略是绿色交通体系利用自身优势来减少环境对其造成威胁的可能性，即通过内部资源的合理安排，利用自身优势将外部威胁对绿色交通发展造成的不利影响降到最低；WT 策略是一种应对危机的战略，通常是面临着内忧外患而指定一套防御性计划来克服内在劣势同时回避外在威胁。

发展策略选择 表 7-1

内部环境 / 外部环境	优 势 S	劣 势 W
机会 O	SO 战略：发挥内部优势、利用外部机会，采取密集型战略、一体化战略、多样化战略等	WO 战略：利用外部机会、克服自身弱势，采取稳定型战略、紧缩型战略、发展型战略
威胁 T	ST 战略：利用内部优势、回避外部威胁，采用多样化战略	WT 战略：克服自身弱势、回避外部威胁，采取紧缩型战略、放弃型战略、清理型战略

绿色交通发展策略的选择需在总体思路指引下，紧紧围绕绿色交通发展导向，根据绿色交通发展总体目标，采用SWOT模型分析当地实际情况，开展基本发展策略的选择制定，其基本流程见图7-2。

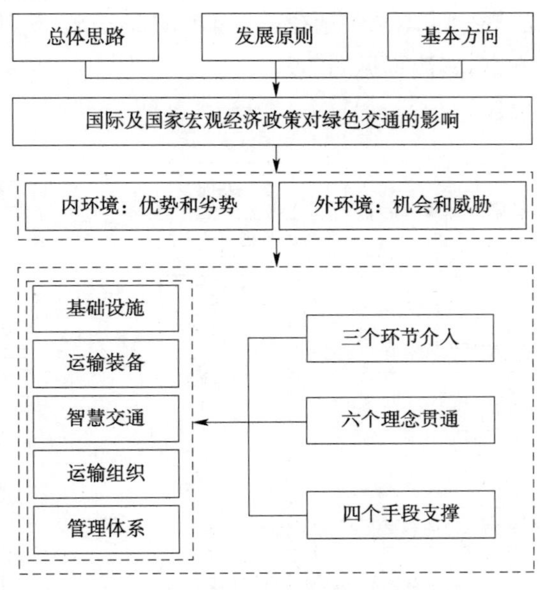

图7-2 绿色交通发展策略选择的基本流程

第三节 微观层面：实施方案的形成

一、实施方案制定的流程

实施方案是指对某项工作，从目标要求、工作内容、方式方法及工作步骤等作出全面、具体而又明确安排的计划类文书，是项目发展策略各阶段目标的具体落实，因此成为项目是否顺利和成功实施的重要保障和依据。

在实施方案制定的过程中，采取"基础研究—绿色交通指标体系—发展体系构建—地区方案的制定—可行性论证及信息反馈"的思路。需首先完善顶层设计，即采用绿色交通规划方法明确综合交通运输体系中各方式配比以及各方式内部不同等级路径的配比结构，在此基础上围绕交通基础设施、交通运输装备、运输组织三大领域，辅以智慧交通、管理体系等提高运行效率，构建以绿色交通内涵为出发点的基础设施、运输装备、运输组织绿色化发展评价指标体系，并以指标体系为依据，提出各领域的绿色化发展技术体系、经济体系、管理体系、法规标准体系。在此基础上，结合区域阶段发展特征和未来发展目标，通过评价遴选从相应技术体系、经济体系、管理体系、法规标准体系中选择适合本地区的措施，构建本地区、本阶段的绿色交通发展实施方案，其流程见图 7-3。

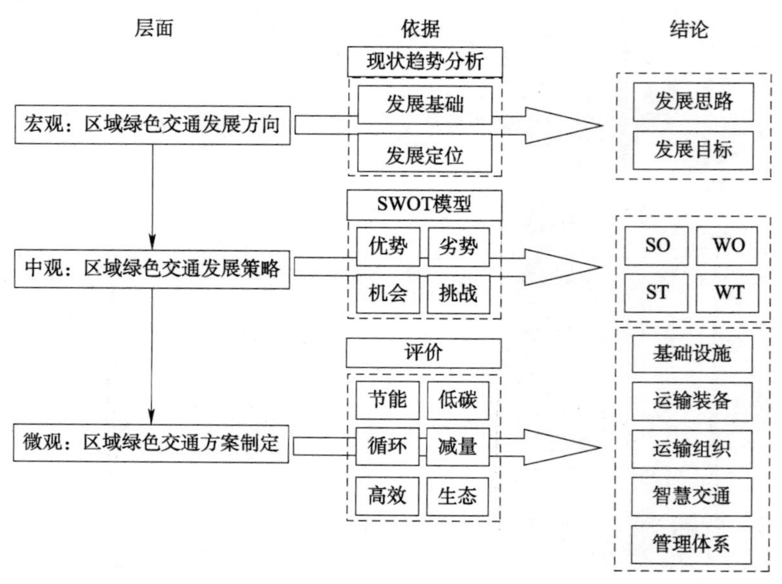

图 7-3 绿色交通发展方案制定的流程

二、交通绿色化指标评价框架设计及评价方法

绿色交通评价指标是用来评价交通运输生命周期中对资源环境（包括气候）利用或影响程度所采用的标准或尺度，是形成绿色交通发展具体化方法的引导前提。绿色交通评价指标体系是由若干相互联系、相互补充、具有层次性和结构性的指标组成的有机序列。这些指标既有直接从原始数据而来的基本指标，用于反映子系统的特征；又有对基本指标的抽象和总结，用以说明子系统之间的联系及区域可持续发展作为一个整体所具有性质的综合指标。为了使所建立的评价指标体系能够综合反映绿色交通的各个方面，在评价指标体系的构建过程中应遵循的原则为：

1. 系统性原则

应将绿色交通运输系统作为一个相对完整的系统，且置身于社会经济大系统中，并从这个大系统中客观反映交通运输行业绿色发展与经济发展、社会进步等因素之间的关系。同时，避免指标之间的重叠，使评价目标和评价指标形成一个有机整体。指标的选择力求具有典型性、完备性，使指标体系通过现行的定量和定性评价方式能够准确地反映绿色交通行业发展的方向和当前实际。

2. 科学性原则

指标体系应建立在科学基础上，指标概念必须明确，指标与目标必须一致，各指标应协调一致并保持相对独立性，体现交通运输行业的绿色发展状况评价的内涵，突出交通运输行业绿色发展状况评价的系统目标。

3. 代表性原则

交通运输系统的绿色化发展程度可以从多角度进行衡量，如果每个角度都确定大量的指标是不现实的，只能根据目标中的关键问题选择具有代表性的关键指标。选取指标时，应尽量选择代表交通绿色化发展水平，且有利于指导技术、经济、管理、法规手段体系建立的指标。

4. 动态性与稳定性相结合的原则

绿色交通发展是一个长期的、伴随技术因素递进升级的过程，因此指标体系既要充分考虑系统的动态变化特点，能综合反映交通发展的特点和发展趋势，又要在一定的时期内保持指标体系的相对稳定性。

绿色交通发展是一个综合性范畴，不可能用一个或几个指标就能全面反映。从横向上看，它是指一个地区的一定时期内交通运输业的各主要方面（包括基础设施、运输装备、运输组织）的发展状况；从纵向上看，它表现为该地区交通绿色化发展的潜力和可持续发展的可能性，侧重从资源环境方面进行考察。针对绿色交通面对的三个核心领域，即基础设施、运输装备、运输组织开展评价指标体系的建立，从综合交通运输体系的角度出发设置三个领域为一级对象层；各领域包括不同运输方式，突出各种交通方式的技术特性，设置为二级对象层。考虑交通生命周期过程，设置源头（实施前）、过程（实施中）、结果（实施后）三个阶段为一级准则层；从绿色交通的概念出发，设置六个理念为二级准则层。由此实现对象、过程、理念等多个维度与具体指标的融合。交通绿色化评价指标体系框架，如图 7-4 所示。

需要说明的是，该指标体系主要用于引导技术、经济、管理、法规标准手段对绿色交通的完善，因此在指标层的具体指标设计方面侧重于对发展结果性指标的选取，而对过程性和原因性，如管理、能力等方面的指标则需要简化处理。经过指标分化处理，指标层中各具体指标基本上隶属明确且相对独立，但仍将存在个别指标对准则层的交叉情况。

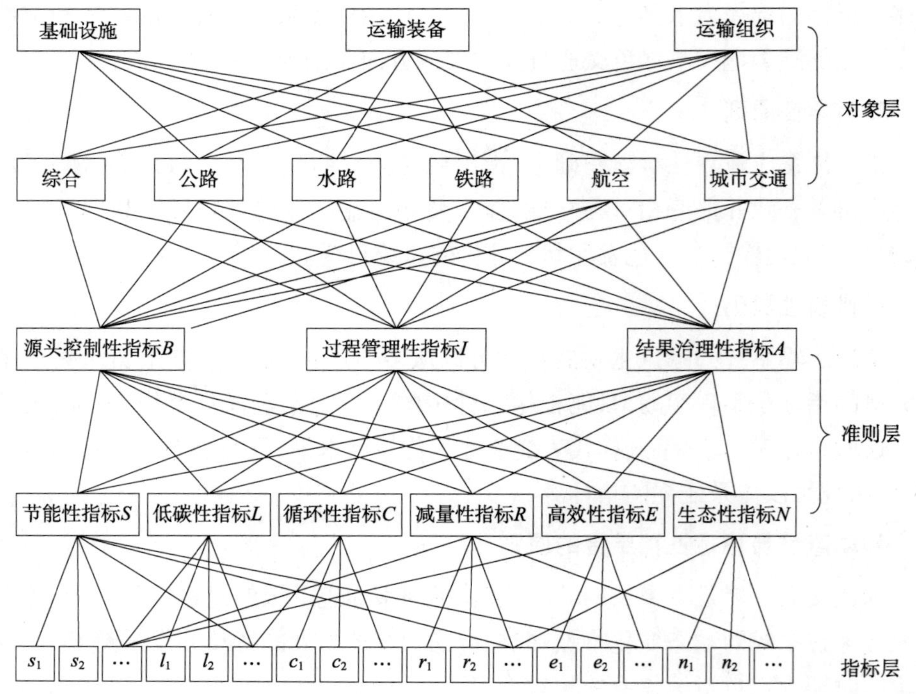

图 7-4　交通绿色化评价指标体系框架

交通绿色化水平综合评价方法，可采用如综合评分法、标准化积分评价法、功效系数评价法等传统评价方法，也可采用优序法、双基点法等多目标评价方法，此外可采用多元统计综合评价法、模糊综合评价法和层次分析综合评价法等现代评价方法，相关理论已基本成熟，本书不再赘述。需要注意的是，在具体评价过程中，鉴于基础设施、运输装备、运输组织界限明确，为简化评价过程，宜针对上述三个一级对象单独进行评价后再将评价结果进行综合处理。

第八章 基础设施绿色化实现方法

第一节　评价指标

以绿色交通的概念为基本出发点，结合基础设施的生命周期特点，针对规划与设计、建设与施工、运营与管理三个基本环节，构建面向推进绿色交通体系建设的基础设施绿色化评价指标体系，如表8-1所示。

在该指标体系中，共有45个具体指标，其中包括负面性(需降低)指标8个、正面性(需提升)指标37个；节能指标17个、低碳指标10个、循环指标3个、减量指标4个、高效指标8个、生态指标8个；地区性指标1个、通用性指标44个；规划与设计阶段指标8个、建设与施工阶段指标22个、运营与管理指标17个❶。各指标定义及计算方法如下：

(1)综合运输网络配比：无量纲指标。指一定区域内，公路、铁路、水路等不同交通方式基础设施线网里程比例关系，同时指公路、铁路、水路等同一交通方式内不同等级基础设施线网里程比例关系。该指标属地区性指标，不通用，应根据地区特点、经济发展阶段等指标进行动态调整优化。

(2)工可节能篇章执行率：相对指标，%。工可篇章指项目工程可行性研究报告针对项目的能源消耗、供应、节能措施等专门编制有节能篇章，且应达到挖掘节能潜力、在节能方面指导设计的深度要求。该指标计算方法如下：

$$\text{工可节能篇章执行率}=\frac{\text{该地区按照要求进行节能篇章编制的工可项目数量}}{\text{该地区应进行工可研究的项目❷数量}}$$

(3)节能评估报告执行率：相对指标，%。节能评估是指根据节能法规、标准，对投资项目的能源利用是否科学合理进行分析评估。节能评估报告是指在项目节能评估的基础上，由有资质单位出具的节能评估报告书、节能评估报告表或节能评估登记表。节能评估报告应对工可阶段所采取的基础设施设计指标、交通工程设计指标等进行节能方面的评估，并提出在节能方面的优化意见。该指标计算方法如下：

$$\text{节能评估报告执行率}=\frac{\text{该地区按照要求进行节能评估报告的项目数量}}{\text{该地区应进行节能评估报告的项目数量}}$$

---

❶ 部分指标具有多重代表性。

❷ 包括未按规定进行工可研究的项目以及以初步设计代工可的项目。

交通基础设施绿色化评价指标体系

表 8-1

序号	指标层	对象层						一级准则层			二级准则层					
		综合	公路	水路	铁路	航空	城市交通	规划与设计	建设与施工	运营与管理	节能	低碳	循环	减量	高效	生态
1	综合运输网络配比	√					√	√			√	√			√	
2	工可节能篇章执行率		√	√	√	√	√	√			√					
3	节能评估报告执行率		√	√	√	√	√	√			√					
4	单位建安费能耗		√	√	√	√	√		√		√					
5	节能施工技术采用率		√	√	√	√	√		√		√					
6	施工组织节能率		√	√	√	√	√		√		√					
7	施工机械节能率		√	√	√	√	√		√		√					
8	站场节能坡采用率				√		√		√		√					
9	建筑节能率		√	√	√	√	√		√		√					
10	节能型设备安装率		√	√	√	√	√			√	√					
11	可再生能源利用率		√	√	√	√	√			√	√					
12	面向用户节能的运营设备安装率		√	√			√			√	√					
13	港口生产工艺节能率			√						√	√					
14	港口生产单位吞吐量能耗			√						√	√					
15	机场生产单位吞吐量能耗					√				√	√					
16	系统设备的集约化运行比例		√	√	√	√	√			√	√					
17	系统设备的集约化设计比例		√	√	√	√	√	√						√	√	

续上表

序号	指标层	对象层						一级准则层			二级准则层					
		综合	公路	水路	铁路	航空	城市交通	规划与设计	建设与施工	运营与管理	节能	低碳	循环	减量	高效	生态
18	土地、岸线资源集约利用率		√	√	√	√	√	√						√		
19	施工组织的材料优化率		√	√	√	√	√		√					√		
20	耐久性路面结构使用率		√				√	√							√	
21	高性能混凝土使用率		√	√		√	√		√						√	
22	施工标准化执行率		√	√	√	√	√		√						√	
23	原有建设材料循环利用率		√	√	√	√	√		√				√			
24	可循环性材料使用率		√	√	√	√	√		√				√			
25	水资源循环利用率		√	√	√	√	√		√	√			√			
26	外部废旧材料使用率		√	√	√	√	√		√					√		
27	水土保持报告执行率		√	√	√	√	√	√								√
28	环境友好型建设材料利用率		√	√	√	√	√		√							√
29	基础设施沿线生态修复完成率		√	√	√		√		√							√
30	基础设施沿线碳汇林覆盖率		√	√	√		√		√							√
31	铁路电气化率			√						√		√				
32	单位建安费碳排放		√	√	√	√	√		√			√				
33	施工机械低碳化率		√	√	√	√	√		√			√				
34	施工工艺低碳化率		√	√	√	√	√		√			√				

续上表

序号	指标层	对象层						一级准则层			二级准则层					
		综合	公路	水路	铁路	航空	城市交通	规划与设计	建设与施工	运营与管理	节能	低碳	循环	减量	高效	生态
35	清洁能源及电能在枢纽运营中的应用率		√	√	√	√	√			√		√				
36	港口生产单位吞吐量碳排放			√						√		√				
37	机场生产单位吞吐量碳排放					√				√		√				
38	清洁能源及新能源供应设施建设率		√		√		√			√		√				
39	面向用户的低碳运行指示系统覆盖率		√	√			√			√		√			√	
40	环境影响报告执行率		√	√	√	√	√	√								√
41	环境敏感点的处理率		√	√	√	√	√		√							√
42	能耗监测系统覆盖率		√	√	√	√	√		√	√	√				√	
43	基础设施智能化率		√	√	√	√	√			√					√	
44	建设期环境监测执行率		√	√	√	√	√		√							√
45	运营期环境监测执行率		√	√	√	√	√			√						√

(4)单位建安费能耗:指项目建设投资的平均能耗水平,TCE/万元。该指标计算方法如下:

$$单位建安费能耗=\frac{项目总能耗(TCE)}{项目总建安费(万元)}$$

(5)节能施工技术采用率:相对指标,%。指项目施工过程中,采用温拌沥青、沥青冷再生等较传统施工方式节能技术开展施工路段与项目总路段里程之比。该指标计算方法如下:

$$节能施工技术采用率=\frac{项目中节能施工技术应用里程(km)}{项目总里程(km)}$$

(6)施工组织节能率:相对指标,%。指项目施工过程中,采用机械台班优化、标准化施工等较传统施工组织模式节能组织模式开展施工的能耗与项目采用传统施工组织模式能耗之比。该指标计算方法如下:

$$施工组织节能率=\frac{传统组织模式能耗(TCE)-节能型施工组织模式能耗(TCE)}{传统组织模式能耗(TCE)}$$

(7)施工机械节能率:相对指标,%。该指标用于表征通过应用节能型施工机械降低施工能源消耗的水平。该指标计算方法如下:

$$施工机械节能率=\frac{未采用节能施工机械能耗(TCE)-采用节能施工机械后的能耗(TCE)}{未采用节能施工机械能耗(TCE)}$$

(8)轨道站场节能坡采用率:相对指标,%。轨道交通线路纵断面设计中,通常将轨道车站设在线路纵剖面的最高处,车站两端均为下坡,称为节能坡。该指标用于表征一定时期内轨道中采用节能坡的水平。该指标计算方法如下:

$$轨道站场节能坡采用率=\frac{固定周期内采用节能坡的站场数量}{固定周期内建设站场数量}$$

(9)建筑节能率:相对指标,%。指公路、铁路、民航机场、港口等基础设施沿线附属建筑(如站场枢纽、收费站、道班房、服务区等)采用体形结构优化、外墙保温相变材料应用、高能效制冷采暖设备、节能照明设备、智能通风设备等措施相对于未采用相应材料、技术或措施前降低的能耗水平。该指标计算方法如下:

$$建筑节能率=\frac{未采取措施前建筑能耗(TCE)^{❶}-采取节能措施后建筑能耗(TCE)}{未采取措施前建筑能耗(TCE)}$$

❶ 对于采用节能措施的新建建筑而言,缺少对比标准,可采用《公共建筑节能设计标准》(GB 50189—2005)规定的传热系数下限以及《民用建筑供暖通风与空气调节设计规范》(GB 50736—2012)附录A、附录B中各地区规定的室外计算温度取值进行各工况基准能耗量计算。

(10)节能型设备安装率:相对指标,%。指某项目中变频通风设备、变频传送设备、能量回收设备、LED、LVD等节能设备在相应项目全部设备中对传统高耗能设备的替代比例,用于表征节能型设备的推广应用水平。该指标计算方法如下:

$$节能型设备安装率=\frac{节能型设备替代传统设备的能耗水平(kW)}{未采用节能型设备假设下传统设备的能耗水平(kW)}$$

(11)可再生能源利用率:相对指标,%。指某项目中运营期在固定周期内使用太阳能发电发热、风能发电、风光互补发电、地热发热发电、水热发热发电等可再生能源用量的占比,用于表征可再生能源的利用水平。该指标计算方法如下:

$$可再生能源利用率=\frac{可再生能源利用量(TCE)}{项目能耗总量(TCE)}$$

(12)面向用户节能的运营设备安装率:相对指标,%。指某一项目采用电子不停车收费系统、不停车超载超限预检系统、内河免停靠报港系统等面向用户节能的设施设备通道数与该项目总通道数之比,用于表征面向用户节能的运营设备利用水平。该指标计算方法如下:

$$面向用户节能的运营设备安装率=\frac{项目采用设备的通道数量}{项目全部通道数量}$$

(13)港口生产工艺节能率:相对指标,%。指在港口一定时期的生产中,采用供电设施节能(如变压器更新或增容、供电设施无功补偿节能改造等)、机械节能(如自动控制系统等)等港口生产工艺较传统生产工艺的节能水平。该指标计算方法如下:

$$港口生产工艺节能率=\frac{固定周期中采用传统工艺能耗(TCE)-采用节能生产工艺能耗(TCE)}{采用传统工艺能耗(TCE)}$$

(14)港口生产单位吞吐量能耗:绝对指标,TCE/万吨。指一定时期内港口完成单位吞吐量平均消耗的综合能源量[1]。该指标计算方法如下:

$$港口生产单位吞吐量能耗=\frac{港口生产综合能源消耗量(TCE)}{港口货物吞吐量(万吨)}$$

(15)机场生产单位吞吐量能耗:绝对指标,TCE/万人次。指一定时期内机场完成单位吞吐量平均消耗的综合能源量[2]。该指标计算方法如下:

$$机场生产单位吞吐量能耗=\frac{机场生产综合能源消耗量(TCE)}{机场旅客吞吐量(万人次)}$$

[1] 旅客吞吐量可按照10人次≈1t转换成货物吞吐量。

[2] 货物吞吐量可按照1t≈10人次转换成旅客吞吐量。

(16)系统设备的集约化运行比例:相对指标,%。指运营过程中采用云计算为基础的云服务器、云数据库、云存储等技术,以实现系统设备集约化运行,该部分设备对传统设备的替代比例。该指标计算方法如下:

$$系统设备的集约化运行比例=\frac{集约化设备对传统设备的替代功率(kW)}{传统运营方式下的设备功率(kW)}$$

(17)系统设备的集约化设计比例:相对指标,%。指设计过程中采用云计算为基础的云服务器、云数据库、云存储等技术,以实现系统设备集约化设计,该部分设备对传统设备的替代比例。该指标计算方法如下:

$$系统设备的集约化设计比例=\frac{集约化设备对传统设备的替代功率(kW)}{传统运营方式下的设备功率(kW)}$$

(18)土地、岸线资源集约利用率:相对指标,%。指项目选线选址时对已被交通基础设施占据的土地、岸线资源的再利用量与项目全部土地或岸线资源使用量的比例。该指标计算方法如下:

$$\begin{matrix}土地、岸线资源\\集约利用率\end{matrix}=\frac{已被交通基础设施使用的土地或岸线资源再利用量(m^2、m)}{项目全部土地或岸线资源使用量(m^2、m)}$$

(19)施工组织的材料优化率:相对指标,%。指项目施工时减少的不必要材料用量占全部建设材料用量的比例。该指标计算方法如下:

$$施工组织的材料优化率=\frac{项目中不必要材料减少量(t)}{传统方式下项目中该材料的投入量(t)}$$

(20)耐久性路面结构使用率:相对指标,%。指项目施工时采用耐久性路面结构的路段里程占项目全部里程的比例。该指标计算方法如下:

$$耐久性路面结构使用率=\frac{项目采用耐久性路面结构的里程(km)}{项目总里程(km)}$$

(21)高性能混凝土使用率:相对指标,%。指项目施工时采用高性能混凝土用量占全部混凝土用量的比例。该指标计算方法如下:

$$高性能混凝土使用率=\frac{项目中高性能混凝土用量(t)}{项目中混凝土总用量(t)}$$

(22)施工标准化执行率:相对指标,%。指项目施工时采用标准化模式施工的路段里程或枢纽个数占项目全部路段里程或枢纽个数的比例。该指标计算方法如下:

$$施工标准化执行率=\frac{采用标准化模式施工路段里程(km)或枢纽个数}{项目总里程(km)或枢纽个数}$$

(23)原有建设材料循环利用率:相对指标,%。指项目改建施工过程中钢材、沥青、水泥混凝土、交通工程设施等原有建设材料的回收再利用量占全部原建设材料的比例。该指标计算方法如下：

$$原有建设材料循环利用率=\frac{材料回收利用量}{原有同类材料总量}$$

（24）可循环性材料使用率：相对指标，%。指项目建设中新投入（非由改建材料或废料循环利用的渠道）可循环利用的材料使用量占新增同类性质建设材料总用量的比例。该指标计算方法如下：

$$可循环性材料使用率=\frac{新投入可循环性材料使用量}{新投入同类性质材料总用量}$$

（25）水资源循环利用率：相对指标，%。指项目施工期或运营期的一定时期内水资源循环回收利用量占全部用水量的比例。该指标计算方法如下：

$$水资源循环利用率=\frac{水资源循环回收利用量(t)}{全部用水量(t)}$$

（26）外部废旧材料使用率：相对指标，%。指项目施工期采用废旧橡胶、粉煤灰等外部废旧材料或钻孔灌注桩泥浆、隧道弃渣（生产机制砂混凝土）、路基清表土方（进行边坡绿化）等施工副产品利用量占相同使用性质的全部建设材料用量的比例。该指标计算方法如下：

$$外部废旧材料使用率=\frac{废旧材料使用量(t)}{相同使用性质的全部建设材料用量(t)}$$

（27）水土保持报告执行率：相对指标，%。指地区一定时期内开展水土保持方案的项目数量占该时期内应开展水土保持方案的项目个数的比例。该指标计算方法如下：

$$水土保持报告执行率=\frac{开展水土保持方案的项目数量(个)}{该时期内应开展水土保持方案的项目数量(个)}$$

（28）环境友好型建设材料利用率：相对指标，%。指项目施工过程中，环境友好型建设材料用量占同类型全部建设材料用量的比例。该指标计算方法如下：

$$环境友好型建设材料利用率=\frac{环境友好型材料的使用量(t)}{同类型材料总用量(t)}$$

（29）基础设施沿线生态修复完成率：相对指标，%。指施工过程中，针对取弃土场、施工便道等施工现场进行生态修复的项目个数或里程长度占全部需进行施工期生态项目的基础设施项目个数或里程长度的比例。该指标计算方法如下：

$$\begin{matrix}基础设施沿线\\生态修复完成率\end{matrix}=\frac{已完成生态修复的基础设施个数或里程(km)}{需进行生态修复的基础设施个数或里程(km)}$$

（30）基础设施沿线碳汇林覆盖率：相对指标，%。指项目在建设阶段，项目沿线碳汇林场覆盖面积或里程占项目红线范围总面积或总里程的比例。该指标计算方法如下：

$$基础设施沿线碳汇林覆盖率=\frac{碳汇林覆盖面积(m^2)或里程(km)}{项目红线范围内总面积(m^2)或总里程(km)}$$

（31）铁路电气化率：相对指标，%。指电气化铁路里程占该地区全部铁路里程之比。该指标计算方法如下：

$$铁路电气化率=\frac{电气化铁路里程(km)}{铁路总里程(km)}$$

（32）单位建安费碳排放：绝对指标，吨 CO_2/万元。用于表征项目建设投资的温室气体平均排放水平。该指标计算方法如下：

$$单位建安费碳排放=\frac{项目总碳排放量(吨 CO_2)}{项目总建安费(万元)}$$

（33）施工机械低碳化率：相对指标，%。指项目施工阶段，使用天然气、电力等作为能源的施工机械对传统高碳排放机械的替代比例。该指标计算方法如下：

$$施工机械低碳化率=\frac{低碳化施工机械功率(kW)}{施工机械总功率(kW)}$$

（34）施工工艺低碳化率：相对指标，%。指项目施工阶段，使用低碳化施工工艺对传统高碳排放施工工艺的替代比例。该指标计算方法如下：

$$施工工艺低碳化率=\frac{低碳化工艺燃油替代量(TOE)}{项目能源消耗总量(TOE)}$$

（35）清洁能源及电能在枢纽运营中的应用率：相对指标，%。指一定时期内采用天然气等清洁能源或电能对枢纽内运输装备靠泊（如靠港船舶使用岸电、靠港班机使用电网电能、到站班车使用电网电能等）、接驳运输（摆渡车、甩挂机车、转运货车使用天然气或电力等）对传统能源的替代比例。该指标计算方法如下：

$$\begin{array}{c}清洁能源及电能在\\枢纽运营中的应用率\end{array}=\frac{清洁能源及电能燃油替代量(TOE)}{运输装备在枢纽内部能耗总量(TOE)}$$

（36）港口生产单位吞吐量碳排放：绝对指标，吨 CO_2/万吨。指港口一定时期内完成单位吞吐量消耗的能源（不含电力、蒸汽）所排放的 CO_2 量[1]。用于表征港口生产过程中的温室气体平均排放水平。该指标计算方法如下：

---

[1] 旅客吞吐量可按照 10 人次≈1t 转换成货物吞吐量。

$$\text{港口生产单位吞吐量碳排放}=\frac{\text{港口生产消耗的能源的碳排放量(吨}CO_2\text{)}}{\text{港口吞吐量(万吨)}}$$

(37)机场生产单位吞吐量碳排放:绝对指标,吨CO_2/万人次。指机场一定时期内完成单位吞吐量消耗的能源(不含电力、蒸汽)所排放的CO_2量❶。用于表征机场生产过程中的温室气体平均排放水平。该指标计算方法如下:

$$\text{机场生产单位吞吐量碳排放}=\frac{\text{机场生产消耗的能源的碳排放量(吨}CO_2\text{)}}{\text{机场吞吐量(万人次)}}$$

(38)清洁能源及新能源供应设施建设率:相对指标,%。指地区内CNG、LNG车用加注站或加注码头以及电动车充电站(桩)供应能力与该地区车船能源供应能力之比。该指标计算方法如下:

$$\text{清洁能源及新能源供应设施建设率}=\frac{\text{清洁能源及新能源供应设施供应能力(TOE/年)}}{\text{该地区车船能源供应能力(TOE/年)}}$$

(39)面向用户的低碳运行指示系统覆盖率:相对指标,%。指地区内安装使用低碳运行指示系统进行服务的道路里程与全部道路里程之比。该指标计算方法如下:

$$\text{面向用户的低碳运行指示系统覆盖率}=\frac{\text{安装使用低碳运行指示系统服务的路段里程(km)}}{\text{该地区全部道路里程(km)}}$$

(40)环境影响报告执行率:相对指标,%。指地区一定时期内开展环境影响评价的项目数量占该时期内应开展环境影响评价报告的项目个数的比例。该指标计算方法如下:

$$\text{环境影响报告执行率}=\frac{\text{开展环境影响评价的项目数量(个)}}{\text{该时期内应开展环境影响评价的项目数量(个)}}$$

(41)环境敏感点的处理率:相对指标,%。指项目在建设阶段,对项目直接影响区的声光气水等环境敏感点进行处理并达标的个数占项目直接影响区全部环境敏感点个数的比例。该指标计算方法如下:

$$\text{环境敏感点的处理率}=\frac{\text{已处理并达标的环境敏感点个数}}{\text{全部环境敏感点个数}}$$

(42)能耗监测系统覆盖率:相对指标,%。指在项目运行中,安装使用能耗监测系统(包括在线实时监测和定期监测报送系统)对基础设施、运输装备、生产设备的能耗进行监测的对象数量与项目全部数量之比。该指标计算方法如下:

❶ 货物吞吐量可按照1t≈10人次转换成旅客吞吐量。

$$能耗监测系统覆盖率=\frac{项目安装使用能耗监测系统的对象数量(km、辆、台)}{项目对象总数量(km、辆、台)}$$

(43)基础设施智能化率:相对指标,%。指一定时期内实施安装智能化设备或软件的基础设施数量占基础设施总量的比例。该指标计算方法如下:

$$基础设施智能化率=\frac{实施安装智能化设备或软件的基础设施数量(km、个)}{该类型基础设施总量(km、个)}$$

(44)建设期环境监测执行率:相对指标,%。指地区一定时期内开展建设期环境监测的项目数量或规模占该时期内全部建设项目数量或规模的比例。该指标计算方法如下:

$$建设期环境监测执行率=\frac{开展建设期环境监测执行率的项目数量(个)或规模(km)}{该时期内建设项目数量(个)或规模(km)}$$

(45)运营期环境监测执行率:相对指标,%。指地区内开展运营期环境监测的项目数量或规模占全部已建成运营项目数量或规模的比例。该指标计算方法如下:

$$运营期环境监测执行率=\frac{开展运营期环境监测执行率的项目数量(个)或规模(km)}{已建成运营项目数量(个)或规模(km)}$$

第二节　基于评价指标的绿色基础设施体系构建

一、技术体系

在绿色交通运输基础设施指标体系中,可用技术实现指标优化的有 37 项,其技术体系,如表 8-2 所示。

交通基础设施绿色技术体系　　表 8-2

序号	指　标	技术措施内容
1	综合运输网络配比	通过采用绿色化交通规划方法、交通结构优化实现指标提升
2	单位建安费能耗	通过采用温拌沥青、沥青冷再生等节能型施工技术实现指标降低
3	节能施工技术采用率	通过推广使用温拌沥青、沥青冷再生等节能技术实现指标提升
4	施工机械节能率	通过对参与施工的机械进行节能技术改造实现指标提升
5	轨道站场节能坡采用率	通过结合铁路、城市轨道线路及站场地形设计、采用节能坡技术实现指标提升

续上表

序号	指标	技术措施内容
6	建筑节能率	站场枢纽、收费站、道班房、服务区等采用体形结构优化,外墙保温相变材料,地源热泵、水源热泵或高效能空气源热泵等高能效制冷采暖设备,对城市热网进行热效率提升,采用LED、LVD及自然光节能照明设备,智能通风设备等实现指标提升
7	节能型设备安装率	通过采用隧道变频通风设备,LED、LVD等节能照明设备,港口及货运站场变频运营设备,机械势能回收技术设备等实现指标提升
8	可再生能源利用率	通过采用太阳能发电发热、风能发电、风光互补发电、地热发热发电、水热发热发电等可再生能源利用技术实现指标提升
9	面向用户节能的运营设备安装率	通过推广采用高速公路电子不停车收费系统、公路不停车超载超限预检系统、内河免停靠报港系统等实现指标提升
10	港口生产工艺节能率	通过采用港口供电设施节能(变压器更新或增容、供电设施无功补偿节能改造)、港口生产工艺优化、港口机械自动控制系统等实现指标提升
11	港口生产单位吞吐量能耗	通过采用港口生产工艺节能、生产组织节能、生产设备节能、建筑节能等综合性技术实现指标提升
12	机场生产单位吞吐量能耗	通过采用机场建筑节能、航空组织优化节能、接驳运输组织优化节能等综合性技术实现指标提升
13	系统设备的集约化运行比例	通过采用以云计算为核心技术的云服务器、云数据库、云存储等实现指标提升
14	能耗监测系统覆盖率	通过采用能耗监测系统(包括在线实时监测和定期监测报送系统)实现指标提升
15	系统设备的集约化设计比例	通过对设备采用以云计算为核心技术的云服务器、云数据库、云存储等减少设备投入和机房场地占用实现指标提升
16	铁路电气化率	通过对铁路实行电气化规划设计、既有路线的电气化改造等技术实现指标提升
17	单位建安费碳排放	通过采用施工集中供电、施工工艺低碳化(如使用天然气替代燃油实现混凝土拌和)、施工机械低碳化(如电动机械、天然气机械替代燃油机械)技术等实现指标降低
18	施工机械低碳化率	通过采用天然气、电动施工机械或对施工机械进行低碳化改造等技术实现指标提升

续上表

序号	指　标	技术措施内容
19	施工工艺低碳化率	通过应用天然气沥青拌和、集中供电代替柴油发电等低碳型施工工艺实现指标提升
20	清洁能源及电能在枢纽运营中的应用率	通过对机场、港口、运输站场等采用天然气或电动接驳运输车辆(如摆渡车、甩挂机车、转运货车等)、靠港船舶使用岸电、靠港班机使用电网电能、到站班线车辆使用电网电能实现指标提升
21	港口生产单位吞吐量碳排放	通过采用港口生产工艺优化(如 RTG 油改电等电能、天然气替代燃油)等技术实现指标降低
22	机场生产单位吞吐量碳排放	通过采用机场生产工艺优化(如应用天然气、电动摆渡车、使用电网对靠港班机供电等)等技术实现指标降低
23	清洁能源及新能源供应设施建设率	通过建设 LNG、CNG 加气站及新能源汽车充电桩等技术措施实现指标提升
24	面向用户的低碳运行指示系统覆盖率	通过建设根据道路线形、气象等条件针对不同车型提供速度引导、操作引导等指示信息系统实现指标提升
25	建设材料循环利用率	通过采用原有基础设施改造过程中的钢材、沥青再生、水泥作路基或制路面砖、交通工程设施回收利用等技术实现指标提升
26	可循环材料使用率	通过在建设过程中采用沥青、水泥等可用于下一阶段循环利用的材料实现指标提升
27	水资源循环利用率	通过在建设阶段采用废水拌和料、在运营阶段采用中水处理循环系统、雨水收集系统等技术实现指标提升
28	废旧材料使用率	通过在建设过程中采用废旧橡胶、粉煤灰等外部废旧材料,以及使用钻孔灌注桩泥浆回收利用、利用隧道弃渣生产机制砂混凝土,利用路基清表土方进行边坡绿化,施工材料、建筑垃圾作为路基材料的再利用等实现指标提升
29	土地、岸线资源集约利用率	通过在规划与设计阶段进行选线、选址时尽量利用原有路基、站址、岸线,新增土地避让粮田、住宅区等技术措施实现指标提升
30	施工组织的材料优化率	通过在施工过程中选用散装水泥等技术措施实现指标提升
31	耐久性路面结构使用率	通过在规划与设计过程中采用耐久性路面结构技术实现指标提升

续上表

序号	指　标	技术措施内容
32	高性能混凝土使用率	通过在建设过程中采用高性能混凝土技术实现指标提升
33	基础设施智能化率	通过在对基础上实施安装磁诱导、物联网、感知航道、枢纽协同系统等实现指标提升
34	环境友好型建设材料利用率	采用橡胶沥青、环氧沥青(主要用于桥面)、聚合物改性水泥混凝土(彩色路面)、MPE改性沥青、矿物纤维沥青、复合式路面等环保型材料实现指标提升
35	基础设施沿线生态修复完成率	通过在建设阶段实行取弃土场恢复、施工便道的恢复、植被恢复、动物廊道建设、水土保持设施及技术应用等实现指标提升
36	环境敏感点的处理率	通过对水源敏感点建立路面径流处理系统、对大气敏感点建立粉尘降解系统、对声敏感点建立声屏障系统、对港口建立污水处理系统等技术实现指标提升
37	基础设施沿线碳汇林覆盖率	通过开展对公路、铁路、轨道交通、航道等基础设施沿线开展碳汇林种植实现指标提升

专栏8-1　磁诱导与智慧公路

通俗地说,磁诱导技术就是在道路上纵向按照一定距离铺设磁道钉,通过在车辆上安装的磁传感器,可以实时获知车辆相对于磁道钉的相对位置,进而得到车辆与道路的相对位置,并通过显示设备提醒驾驶员车辆偏离状态。“磁道钉本身就是信息”,磁道钉有南北极(类似于正负极),也就是相对于计算机的0和1,工程人员在铺设磁道钉时,将道路前方信息进行二进制编码,按照不同的极性布设磁道钉。当车辆经过时,不仅可以获得车辆对于道路的相对位置。而且还可以像计算机读取数据一样,“读”出车辆前方的道路信息。基于磁诱导系统获取的位置信息,智慧公路可对定向车辆发布个性化的诱导信息。可以说,应用于位置信息检测的磁诱导技术与物联网技术同为智慧公路的技术基础。

专栏 8-2　交通绿色建材

绿色建材是一种在原料获得、材料制造、使用或者再循环以及废料处理等环节中对地球环境负荷最小和有利于人类健康的材料。绿色建材的全程衡量含义是指在生产原材料获取、产品的制造和使用过程中，即减少资源和能源消耗，产品生命周期终止后以各种方式最大限度地循环再利用，以利于提高人居环境品质，在其整个生命周期内对环境的负荷最小，对人居环境危害最小。绿色建材原材料选择上具有多样性，隧道弃渣、建筑废弃物、有色金属尾矿渣、粉煤灰、石场尾矿等均可以作为原材料进行生产。绿色建材的生产主要步骤为：固体废弃物→振动给料机→颚式破碎机→分选系统（除土、除尘、除异物）→反击破→振动筛→产出不同规格集料→砌块成型机→生态砌块产品→用于交通建设。

二、经济手段

在指标体系中，重点针对社会效益明显、经济效益不明显的领域进行经济手段的引导。可用经济手段实现指标优化的有 34 项，其经济手段体系如表 8-3 所示。

交通基础设施绿色经济手段体系　　表 8-3

序号	指　标	经济手段内容
1	单位建安费能耗	依托节能带来的直接经济效益以及合同能源管理等市场化手段
2	节能施工技术采用率	前期进行节能减排资金补助，后期依托节能带来的直接经济效益以及合同能源管理等市场化手段
3	施工机械节能率	前期进行节能减排资金补助，后期依托节能带来的直接经济效益以及合同能源管理等市场化手段
4	轨道站场节能坡采用率	前期进行节能减排资金补助，后期依托节能带来的直接经济效益以及合同能源管理等市场化手段
5	建筑节能率	前期进行节能减排资金补助，后期依托节能带来的直接经济效益以及合同能源管理等市场化手段
6	节能型设备安装率	前期进行节能减排资金补助，后期依托节能带来的直接经济效益以及合同能源管理等市场化手段

续上表

序号	指 标	经济手段内容
7	可再生能源利用率	前期进行节能减排资金补助,后期依托节能带来的直接经济效益以及合同能源管理等市场化手段
8	面向用户节能的运营设备安装率	前期进行节能减排资金补助,后期依托减少人员、设备投入的直接经济效益
9	港口生产工艺节能率	前期进行节能减排资金补助,后期依托节能带来的直接经济效益以及合同能源管理等市场化手段
10	港口生产单位吞吐量能耗	依托节能带来的直接经济效益
11	机场生产单位吞吐量能耗	依托节能带来的直接经济效益
12	系统设备的集约化运行比例	依托节能、节约运维费用带来的直接经济效益
13	能耗监测系统覆盖率	建设前期进行财政补贴
14	系统设备的集约化设计比例	依托节能、节约运维费、节约场地用带来的直接经济效益
15	铁路电气化率	依托财政投资导向
16	单位建安费碳排放	依托碳金融市场实现经济效益
17	施工机械低碳化率	前期进行节能减排资金补助,后期依托清洁能源低成本带来的直接经济效益以及碳交易等市场化手段
18	施工工艺低碳化率	前期进行节能减排资金补助,后期依托清洁能源低成本带来的直接经济效益以及碳交易等市场化手段
19	清洁能源及电能在枢纽运营中的应用率	前期进行节能减排资金补助,后期依托清洁能源、电能低成本带来的直接经济效益以及碳交易等市场化手段
20	港口生产单位吞吐量碳排放	针对低排放进行财政资金奖励
21	机场生产单位吞吐量碳排放	针对低排放进行财政资金奖励
22	清洁能源及新能源供应设施建设率	前期针对建站进行财政资金补助,运营期实行税收返还、低供应成本价格
23	面向用户的低碳运行指示系统覆盖率	前期进行节能减排资金补助

续上表

序号	指　标	经济手段内容
24	建设材料循环利用率	前期进行财政资金补助，技术成熟后依托建设成本下降带来的直接经济效益
25	可循环材料使用率	前期进行财政资金补助，技术成熟后依托建设成本下降带来的直接经济效益
26	水资源循环利用率	前期进行财政资金补助，后期依托运营成本下降带来的直接经济效益
27	废旧材料使用率	依托建设成本下降带来的直接经济效益
28	土地资源集约利用率	依托建设成本下降带来的直接经济效益
29	施工组织的材料优化率	依托建设成本下降带来的直接经济效益
30	耐久性路面结构使用率	依托养护成本下降带来的直接经济效益
31	高性能混凝土使用率	依托养护成本下降带来的直接经济效益
32	施工标准化执行率	依托建设成本下降带来的直接经济效益
33	基础设施智能化率	前期进行财政资金补助，后期依托运营成本下降带来的直接经济效益
34	环境友好型建设材料利用率	前期进行财政资金补助

三、管理手段

在指标体系中，重点针对经济手段发挥作用不明显的领域开展管理手段体系的构建，实现33项指标优化，如表8-4所示。

交通基础设施绿色管理手段体系　　表8-4

序号	指　标	管理手段内容
1	综合运输网络配比	通过行业部门组织开展规划研究实现顶层设计优化，明确未来各时期各方式线网最优配比、同一方式不同等级线网最优配比、不同枢纽层次最优配比等指标
2	工可节能篇章执行率	严格执行工可节能篇章制度，通过在工可阶段细化节能篇章和相关篇章，根据实际情况确定设计指标，尽量使路线短捷、交通工程定级合理，针对未达要求者不予审批通过
3	节能评估报告执行率	严格执行节能评估报告制度，对工可阶段的线路、设施、交通工程等技术措施进行节能潜力挖掘，针对未达要求者不予审批通过

续上表

序号	指　标	管理手段内容
4	单位建安费能耗	开展周期性能效对标
5	轨道站场节能坡采用率	开展绿色基础设施建设示范项目，项目中应包括节能坡应用
6	建筑节能率	开展绿色建筑等级评定，进行周期性能效对标
7	面向用户节能的运营设备安装率	明确标准，针对未达要求者不予通过竣工验收
8	港口生产单位吞吐量能耗	开展周期性能效对标
9	机场生产单位吞吐量能耗	开展周期性能效对标
10	能耗监测系统覆盖率	针对交通运输企业建立能耗监测制度
11	系统设备的集约化设计比例	明确今后系统设备的集约化设计原则
12	单位建安费碳排放	建立碳核查机制，实行对标管理
13	清洁能源及电能在枢纽运营中的应用率	建立碳核查机制，实行对标管理
14	港口生产单位吞吐量碳排放	建立碳核查机制，实行对标管理
15	机场生产单位吞吐量碳排放	建立碳核查机制，实行对标管理
16	清洁能源及新能源供应设施建设率	优惠供应土地，鼓励多元开发
17	面向用户的低碳运行指示系统覆盖率	开展绿色基础设施建设示范项目，项目中应包括低碳运行指示系统应用
18	建设材料循环利用率	开展绿色基础设施建设示范项目，项目中应包括材料循环利用
19	可循环材料使用率	开展绿色基础设施建设示范项目，项目中应包括可循环材料应用
20	水资源循环利用率	开展绿色基础设施建设示范项目，项目中应包括水资源循环利用
21	废旧材料使用率	开展绿色基础设施建设示范项目，项目中应包括废旧材料应用
22	耐久性路面结构使用率	开展绿色基础设施建设示范项目，项目中应包括耐久性路面结构应用
23	高性能混凝土使用率	开展绿色基础设施建设示范项目，项目中应包括高性能混凝土应用
24	施工标准化执行率	严格执行施工标准化制度，采用标准化模式，针对未达要求者不予通过验收
25	基础设施智能化率	开展绿色基础设施建设示范项目，项目中应包括智能化技术应用
26	环境影响报告执行率	严格执行环境影响报告制度，针对问题提出预防性环保措施，针对未达要求者不予审批通过；开展环境影响后评价

续上表

序号	指　标	管理手段内容
27	水土保持报告执行率	严格执行水土保持报告制度，针对问题提出预防性水土保持措施，针对未达要求者不予审批通过
28	建设期环境监测执行率	开展环境监理，建立环境监测制度，明确对基础设施建设期开展环境监测，执行环境定期监测、在线实时监测
29	环境友好型建设材料利用率	开展环境监理，开展绿色基础设施建设示范项目，项目中应包括环境友好型建设材料应用
30	基础设施沿线生态修复完成率	开展环境监理，明确标准，针对未达要求者不予通过竣工验收
31	环境敏感点的处理率	开展环境监理，明确标准，针对未达要求者不予通过竣工验收
32	基础设施沿线碳汇林覆盖率	明确标准，针对未达要求者不予通过竣工验收
33	运营期环境监测执行率	建立环境监测制度，明确对基础设施运营期开展环境监测，执行环境定期监测、在线实时监测

专栏8-3　交通建设项目环境影响后评价

环境影响后评价是在开发建设活动正式实施后，以环境影响评价工作为基础，以建设项目投入使用等开发活动完成后的实际情况为依据，通过评估开发建设活动实施前后污染物排放及周围环境质量的变化，全面反映建设项目对环境的实际影响和环境补偿措施的有效性，分析项目实施前一系列预测和决策的准确性和合理性，找出问题和误差的原因，评价预测结果的正确性，提高决策水平，为改进建设项目管理和环境管理提供科学依据。交通建设项目环境影响后评价工作是法律和交通运输行业环境保护的要求。目前，我国交通建设项目环境影响评价具有很大的局限性，一是环境影响评价是在环境影响不确定的情况下作出的工程决策；二是环境影响评价中工程影响预测的准确性和可信度有待进一步验证。此外，环境影响评价的相关规范不健全导致部分环境影响评价流于形式，很少关注项目所产生的实际影响及其减缓措施的有效性，而环境影响后评价则可以深化环境影响评价工作，督促建设单位将环保工作落到实处。

四、法规标准

在指标体系中，可用法规标准手段实现指标规制的有39项，其法规标准手段体系如表8-5所示。

交通基础设施绿色法规标准手段体系 表8-5

序号	指标	法规标准手段内容
1	综合运输网络配比	以通过审批的规划形式明确综合运输网络配比
2	节能施工技术采用率	编制地方性《节能施工技术推广目录》《公路工程节能规范》等
3	施工组织节能率	编制地方性《施工组织标准化规范》
4	施工机械节能率	编制地方性《节能环保型施工技术推广目录》《节能环保型施工机械推广目录》
5	轨道站场节能坡采用率	执行《铁路工程节能设计规范》（TB 10016—2006），出台规划
6	建筑节能率	执行《绿色建筑评价标准》（GB/T 50378—2014），出台规划
7	节能型设备安装率	编制地方性《节能型采暖制冷、通风、照明设备推广目录》
8	面向用户节能的运营设备安装率	出台规划，明确ETC、不停车超载超限检测系统、内河免停靠报港系统的安装地点
9	港口生产工艺节能率	编制地方性《港口生产节能工艺推广目录》
10	港口生产单位吞吐量能耗	执行《综合能耗计算通则》（GB/T 2589），建立地方性核算方法
11	机场生产单位吞吐量能耗	执行《综合能耗计算通则》（GB/T 2589），建立地方性核算方法
12	系统设备的集约化运行比例	执行《信息技术　软件生存周期过程》（GB/T 8566），出台地方性设备集约化设计、运行指导意见
13	能耗监测系统覆盖率	执行《节能监测技术通则》（GB/T 15316）
14	系统设备的集约化设计比例	执行《信息技术　软件生存周期过程》（GB/T 8566），出台地方性设备集约化设计、运行指导意见
15	铁路电气化率	结合实际调整优化地方铁路规划
16	单位建安费碳排放	建立行业碳核查方法
17	施工机械低碳化率	编制《节能环保型施工机械推广目录》
18	施工工艺低碳化率	编制地方性《节能环保型施工技术推广目录》
19	清洁能源及电能在枢纽运营中的应用率	出台规划，明确指标

续上表

序号	指　标	法规标准手段内容
20	港口生产单位吞吐量碳排放	建立行业碳核查方法
21	机场生产单位吞吐量碳排放	建立行业碳核查方法
22	清洁能源及新能源供应设施建设率	出台规划,明确指标
23	面向用户的低碳运行指示系统覆盖率	出台规划,明确指标
24	建设材料循环利用率	出台规划,明确指标
25	可循环材料使用率	出台规划,明确指标
26	水资源循环利用率	出台规划,明确指标
27	废旧材料使用率	出台规划,明确指标
28	土地资源集约利用率	出台规划,明确指标
29	施工组织的材料优化率	出台规划,明确指标
30	耐久性路面结构使用率	出台规划,明确指标
31	高性能混凝土使用率	出台规划,明确指标
32	施工标准化执行率	出台规划,明确指标
33	基础设施智能化率	编制地方性《交通运输信息化技术推广目录》
34	建设期环境监测执行率	制定地方性《交通运输行业环境监测规范》
35	环境友好型建设材料利用率	出台规划,明确指标
36	基础设施沿线生态修复完成率	出台规划,明确指标
37	环境敏感点的处理率	出台规划,明确指标
38	基础设施沿线碳汇林覆盖率	出台规划,明确指标
39	运营期环境监测执行率	制定地方性《交通运输行业环境监测规范》

运输装备绿色化实现方法

第一节 评价指标

以绿色交通的概念为基本出发点,结合运输设备的利用过程,针对投用前(购买)、投用中(运营)、投用后(维修报废)三个基本环节,构建面向推进绿色交通体系建设的运输装备绿色化评价指标体系,如表9-1所示。

在该指标体系中包括35个具体指标,其中包括负面性(需降低)指标18个、正面性(需提升)指标17个;节能指标14个、低碳指标13个、循环指标3个、减量指标4个、高效指标1个、生态指标4个;投用前阶段指标5个、投用中阶段指标23个、投用后指标9个[1]。各指标定义及计算方法如下:

(1)营运车船燃料限值制度执行率:相对指标,%。指地区在营运性客车、营运性货车及营运性船舶符合相关燃料限值制度的数量与该地区全部营运性客车、营运性货车及营运性船舶数量的比例。该指标计算方法如下:

$$\text{营运车船燃料限值制度执行率}=\frac{\text{符合燃料限值制度规定的营运性客车数量(辆)、货车数量(辆)或船数量(艘)}}{\text{该地区全部营运性客车数量(辆)、货车数量(辆)或船数量(艘)}}$$

(2)公路客运单位周转量能耗:绝对指标,TCE/(万人km)。指地区一定时期内完成单位公路客运周转量的车辆平均能耗。该指标计算方法如下:

$$\text{公路客运单位周转量能耗}=\frac{\text{公路客运车辆能源消耗量(TCE)}}{\text{公路客运周转量(万人km)}}$$

(3)公路货运单位周转量能耗:绝对指标,TCE/(万t·km)。指地区一定时期内完成单位公路货运周转量的车辆平均能耗。该指标计算方法如下:

$$\text{公路货运单位周转量能耗}=\frac{\text{公路货运车辆能源消耗量(TCE)}}{\text{公路货运周转量(万t·km)}}$$

(4)城市公交单位周转量能耗:绝对指标,TCE/(万人km)。指地区一定时期内完成单位城市公交客运周转量的公交车平均能耗。该指标计算方法如下:

$$\text{城市公交单位周转量能耗}=\frac{\text{城市公交车辆能源消耗量(TCE)}}{\text{城市公交周转量(万人km)}}$$

[1] 部分指标具有多重代表性。

表 9-1

交通运输装备绿色化评价指标体系

序号	指标层	对象层						一级准则层			二级准则层					
		综合	公路	水路	铁路	航空	城市交通	投用前	投用中	投用后	节能	低碳	循环	减量	高效	生态
1	营运车船燃料限值制度执行率		√	√			√	√			√					
2	公路客运单位周转量能耗		√						√		√					
3	公路货运单位周转量能耗		√						√		√					
4	城市公交单位客运周转量能耗						√		√		√					
5	出租汽车单位客运量能耗						√		√		√					
6	水路货运单位周转量能耗			√					√		√					
7	铁路客运单位周转量能耗				√				√		√					
8	铁路货运单位周转量能耗				√				√		√					
9	民航客运单位周转量能耗					√			√		√					
10	民航货运单位周转量能耗					√			√		√					
11	营运车辆节能改造率		√		√		√			√	√					
12	船舶节能改造率			√						√	√					
13	航空器节能改造率					√				√	√					
14	列车节能改造率			√			√			√	√					
15	运输装备轻量化率		√	√	√	√	√	√			√			√		
16	航空生物燃料航空器占比					√		√						√		
17	运输装备减量维修使用率		√	√	√	√	√			√				√		
18	清洁能源与新能源营运车辆占比		√			√	√		√			√				
19	清洁能源与新能源营运船舶占比			√					√			√				

续上表

序号	指标层	对象层						一级准则层			二级准则层					
		综合	公路	水路	铁路	航空	城市交通	投用前	投用中	投用后	节能	低碳	循环	减量	高效	生态
20	符合国IV及以上汽车排放标准的营运车辆占比		√			√	√		√			√				√
21	公路客运单位周转量碳排放		√						√			√				
22	公路货运单位周转量碳排放		√						√			√				
23	城市公交单位客运周转量碳排放						√		√			√				
24	出租汽车单位客运量碳排放						√		√			√				
25	水路货运单位周转量碳排放			√					√			√				
26	铁路客运单位周转量碳排放				√				√			√				
27	铁路货运单位周转量碳排放				√				√			√				
28	民航客运单位周转量碳排放					√			√			√				
29	民航货运单位周转量碳排放					√			√			√				
30	运输装备废弃物处理率		√	√	√	√	√		√				√			√
31	运输装备维修材料循环利用率		√	√	√	√	√			√			√			
32	模拟驾驶器替代率		√	√	√	√	√		√			√				
33	运输装备废弃物处理率		√	√	√	√	√			√						√
34	运输装备绿色维修使用率		√	√	√	√	√			√						√
35	绿色包装材料利用率		√	√	√	√	√			√			√			
36	运输装备维修材料循环利用率		√	√	√	√	√			√			√			
37	运输装备高效维修使用率		√	√	√	√	√			√					√	

(5)出租汽车单位客运量能耗:绝对指标,TCE/万人次。指地区一定时期内完成单位出租汽车客运量的出租汽车平均能耗。该指标计算方法如下:

$$出租汽车单位客运量能耗 = \frac{出租汽车能源消耗量(TCE)}{出租汽车客运量(万人次)}$$

(6)水路货运单位周转量能耗:绝对指标,TCE/(万 t·km)。指地区一定时期内完成单位水路货运周转量的船舶平均能耗。该指标计算方法如下:

$$水路货运单位周转量能耗 = \frac{水路货运船舶能源消耗量(TCE)}{水路货运周转量(万\ t\cdot km)}$$

(7)铁路客运单位周转量能耗:绝对指标,TCE/(万人 km)。指地区一定时期内完成单位铁路客运周转量的列车平均能耗。该指标计算方法如下:

$$铁路客运单位周转量能耗 = \frac{铁路客运列车能源消耗量(TCE)}{铁路客运周转量(万人\ km)}$$

(8)铁路货运周转量能耗:绝对指标,TCE/(万 t·km)。指地区一定时期内完成单位铁路货运周转量的列车平均能耗。该指标计算方法如下:

$$铁路货运单位周转量能耗 = \frac{铁路货运列车能源消耗量(TCE)}{铁路货运周转量(万\ t\cdot km)}$$

(9)民航客运单位周转量能耗:绝对指标,TCE/(万人 km)。指地区一定时期内完成单位民航客运周转量的班机平均能耗。该指标计算方法如下:

$$民航客运单位周转量能耗 = \frac{民航客运班机能源消耗量(TCE)}{民航客运周转量(万人\ km)}$$

(10)民航货运单位周转量能耗:绝对指标,TCE/(万 t·km)。指地区一定时期内完成单位民航货运周转量的班机平均能耗。该指标计算方法如下:

$$民航货运单位周转量能耗 = \frac{民航货运班机能源消耗量(TCE)}{民航货运周转量(万\ t\cdot km)}$$

(11)营运车辆节能改造率:相对指标,%。指地区内进行了节能技术改造的营运性客货车辆数量占全部营运性车辆数量的比例。该指标计算方法如下:

$$营运车辆节能改造率 = \frac{完成节能技改的营运车辆数(辆)}{地区营运车辆总数量(辆)}$$

(12)营运船舶节能改造率:相对指标,%。指地区内进行了节能技术改造的营运性船舶数量占全部营运性船舶数量的比例。该指标计算方法如下:

$$营运船舶节能改造率 = \frac{完成节能技改的营运船舶数(艘)}{地区营运船舶总数量(艘)}$$

(13)航空器节能改造率:相对指标,%。指地区内进行了节能技术改造的航空器数量占全部航空器数量的比例。该指标计算方法如下：

$$航空器节能改造率=\frac{完成节能技改的航空器数量(架)}{地区航空器总数量(架)}$$

(14)列车节能改造率:相对指标,%。指地区内进行了节能技术改造的列车数量占全部列车数量的比例。该指标计算方法如下：

$$列车节能改造率=\frac{完成节能技改的列车数量(台)}{列车总数量(台)}$$

(15)运输装备轻量化率:相对指标,%。指地区内采用轻量化设计或改造的运输装备数量占全部运输装备数量的比例。该指标计算方法如下：

$$运输装备轻量化率=\frac{轻量化运输装备数量(辆/艘/架/台)}{地区运输装备数量(辆/艘/架/台)}$$

(16)航空生物燃料航空器占比:相对指标,%。指地区内采用生物燃料的航空器数量占全部航空器数量的比例。该指标计算方法如下：

$$航空生物燃料航空器占比=\frac{生物燃料航空器数量(架)}{地区航空器数量(架)}$$

(17)运输装备减量维修使用率:相对指标,%。指地区一定时期内采取超声波发动机清洗等材料低消耗方式进行的运输装备维修数量占全部运输装备维修数量的比例。该指标计算方法如下：

$$运输装备减量维修使用率=\frac{减量维修数量(辆次/艘次/架次/台次)}{全部维修数量(辆次/艘次/架次/台次)}$$

(18)清洁能源与新能源营运车辆占比:相对指标,%。指地区内采用清洁能源或新能源的营运性车辆数量占全部营运性车辆数量的比例。该指标计算方法如下：

$$清洁能源与新能源营运车辆占比=\frac{清洁能源与新能源营运车辆数量(辆)}{地区内营运车辆总量(辆)}$$

(19)清洁能源与新能源营运船舶占比:相对指标,%。指地区内采用清洁能源或新能源的营运性船舶数量占全部营运性船舶数量的比例。该指标计算方法如下：

$$清洁能源与新能源营运船舶占比=\frac{清洁能源与新能源营运船舶数量(艘)}{地区内营运船舶总量(艘)}$$

(20)符合国Ⅳ及以上排放标准的营运车辆占比:相对指标,%。指地区内符合国Ⅳ及以上排放标准的营运车辆数量占全部营运车辆数量的比例。该指标计算方法如下：

$$\text{符合国 IV 及以上排放标准的营运车辆占比}=\frac{\text{符合国 IV 及以上排放标准的营运车辆数量(辆)}}{\text{地区全部营运车辆数量(辆)}}$$

(21)公路客运单位周转量碳排放:绝对指标,吨 CO_2/万人 km。指地区一定时期内完成单位公路客运周转量的车辆 CO_2 平均排放量。该指标计算方法如下:

$$\text{公路客运单位运输周转量碳排放}=\frac{\text{公路客运车辆碳排放量(吨 }CO_2\text{)}}{\text{公路客运周转量(万人 km)}}$$

(22)公路货运单位周转量碳排放:绝对指标,吨 CO_2/(万 t · km)。指地区一定时期内完成单位公路货运周转量的车辆 CO_2 平均排放量。该指标计算方法如下:

$$\text{公路货运单位运输周转量碳排放}=\frac{\text{公路货运车辆碳排放量(吨 }CO_2\text{)}}{\text{公路货运周转量(万 t · km)}}$$

(23)城市公交单位客运周转量碳排放:绝对指标,吨 CO_2/(万人 km)。指地区一定时期内完成单位城市公交客运周转量的车辆 CO_2 平均排放量。该指标计算方法如下:

$$\text{城市公交单位客运周转量碳排放}=\frac{\text{城市公交车辆碳排放量(吨 }CO_2\text{)}}{\text{城市公交客运周转量(万人 km)}}$$

(24)出租汽车单位客运量碳排放:绝对指标,吨 CO_2/万人次。指地区一定时期内完成单位出租汽车客运量的车辆 CO_2 平均排放量。该指标计算方法如下:

$$\text{出租汽车单位客运量碳排放}=\frac{\text{出租汽车辆碳排放量(吨 }CO_2\text{)}}{\text{出租汽车客运量(万人次)}}$$

(25)水路货运单位周转量碳排放:绝对指标,吨 CO_2/(万 t · km)。指地区一定时期内完成单位水路货运周转量的船舶 CO_2 平均排放量 。该指标计算方法如下:

$$\text{水路货运单位周转量碳排放}=\frac{\text{水路货运船舶碳排放量(吨 }CO_2\text{)}}{\text{水路货运周转量(万 t · km)}}$$

(26)铁路客运单位周转量碳排放:绝对指标,吨 CO_2/万人 km。指地区一定时期内完成单位铁路客运周转量的列车 CO_2 平均排放量。该指标计算方法如下:

$$\text{铁路客运单位周转量碳排放}=\frac{\text{客运列车碳排放量(吨 }CO_2\text{)}}{\text{铁路客运周转量(万人 km)}}$$

(27)铁路货运单位周转量碳排放:绝对指标,吨 CO_2/(万 t · km)。指地区一定时期内完成单位铁路货运周转量的列车 CO_2 平均排放量。该指标计算方法如下:

$$\text{铁路货运单位周转量碳排放}=\frac{\text{货运列车碳排放量(吨 }CO_2\text{)}}{\text{铁路货运周转量(万 t · km)}}$$

(28)民航客运单位周转量碳排放:绝对指标,吨 CO_2/(万人 km)。指地区一定时期内完成单位民航客运周转量的 CO_2 平均排放量。该指标计算方法如下:

$$民航客运单位周转量碳排放=\frac{民航客运班机碳排放量(吨\ CO_2)}{民航客运周转量(万人\ km)}$$

(29)民航货运单位周转量碳排放:绝对指标,吨 CO_2/(万 t·km)。指地区一定时期内完成单位民航货运周转量的 CO_2 平均排放量。该指标计算方法如下:

$$民航货运单位周转量碳排放=\frac{民航货运班机碳排放量(吨\ CO_2)}{民航货运周转量(万\ t\cdot km)}$$

(30)模拟驾驶器替代率:相对指标,%。指地区一定时期内机动车驾驶培训学校采用模拟驾驶器替代实车进行培训的学时占全部培训学时的比例。该指标计算方法如下:

$$模拟驾驶器替代率=\frac{使用模拟驾驶器训练学时(人次\times 学时)}{培训总学时(人次\times 学时)}$$

(31)运输装备废弃物处理率:相对指标,%。指一定时期内采用净化或回收处理方式对运输装备在运营过程中产生的废水、废气、废液、固体废物等废弃物处理量占运输装备在运营过程中产生的废水、废气、废液、固体废物等全部废弃物量的比例。该指标计算方法如下:

$$运输装备废弃物处理率=\frac{废弃物处理量(t)}{废弃物产生量(t)}$$

(32)运输装备绿色维修使用率:相对指标,%。指地区一定时期内使用水性漆、节能环保烤漆、无尘干磨等绿色生态方式进行的运输装备维修数量占全部运输装备维修数量的比例。该指标计算方法如下:

$$运输装备绿色维修使用率=\frac{绿色维修数量(辆次/艘次/架次/台次)}{全部维修数量(辆次/艘次/架次/台次)}$$

(33)绿色包装材料利用率:相对指标,%。指地区一定时期内开展物流活动中使用绿色包装材料替代传统包装材料的数量占传统物流模式情境下全部传统包装材料数量的比例。该指标计算方法如下:

$$绿色包装材料利用率=\frac{绿色包装材料替代传统包装量(吨次)}{传统模式下包装材料使用量(吨次)}$$

(34)运输装备维修材料循环利用率:相对指标,%。指地区一定时期内采取循环利用的运输装备维修材料数量占全部投入的运输装备维修材料数量的比例。该指标计算方法如下:

$$运输装备维修材料循环利用率=\frac{采取循环利用的维修材料量(个、t)}{投入的维修材料量(个、t)}$$

(35)运输装备高效维修使用率:相对指标,%。指地区一定时期内使用免拆清洗修复设备等高效方式进行的运输装备维修数量占全部运输装备维修数量的比例。该指标计算方法如下:

$$运输装备高效维修使用率=\frac{高效维修数量(辆次/艘次/架次/台次)}{全部维修数量(辆次/艘次/架次/台次)}$$

第二节 基于评价指标的绿色运输装备体系构建

一、技术体系

在指标体系中,可用技术实现指标优化的有32项,其技术体系如表9-2所示。

交通运输装备绿色技术体系 表9-2

序号	指 标	技术措施内容
1	公路客运单位周转量能耗	通过采用制动回收技术、轻量化客车以及汽车节能技改技术(安装真空钢丝轮胎、加装车辆恒温冷却系统等)、改善道路交通状况等实现指标下降
2	公路货运单位周转量能耗	通过采用制动回收技术,大型化、专业化货车以及汽车节能技改技术(安装扰流板、真空钢丝轮胎、加装车辆恒温冷却系统、车队化运行等),改善道路交通状况等实现指标下降
3	城市公交单位客运周转量能耗	通过采用制动回收技术,轻型化、平滑化车体以及汽车节能技改技术(安装真空钢丝轮胎、加装车辆恒温冷却系统等),改善道路交通状况等实现指标下降
4	出租汽车单位客运量能耗	通过采用制动回收技术(混合动力)、改善道路交通状况等实现指标下降
5	水路货运单位周转量能耗	通过采用推进船型标准化以及船舶节能技改技术(船舶余热利用改造、船舶推进系统改造、水源热泵利用)、改善水路交通状况等手段实现指标下降

续上表

序号	指　　标	技术措施内容
6	铁路客运单位周转量能耗	通过采用优化列车牵引定数,轻量化、平滑化车体以及铁路节能技改技术(再生制动技术、采用异步电动机、超导变压器、永磁电动机)等实现指标下降
7	铁路货运单位周转量能耗	通过采用优化列车牵引定数,轻量化、平滑化车体以及铁路节能技改技术(再生制动技术、采用异步电动机、超导变压器、永磁电动机),列车货运重载技术等实现指标下降
8	民航客运单位周转量能耗	通过采用飞机减重、航空节能技改项目[加装翼尖小翼、发动机节能改造、运行系统(包括签派放行模块、配载平衡模块等)改造等]实现指标下降
9	民航货运单位周转量能耗	通过采用飞机减重、航空节能技改项目[加装翼尖小翼、发动机节能改造、运行系统(包括签派放行模块、配载平衡模块等)改造等]实现指标下降
10	营运车辆节能改造率	通过采用制动回收技术、安装扰流板、真空钢丝轮胎、加装车辆恒温冷却系统等技术实现指标提升
11	船舶节能改造率	通过采用船舶余热利用改造、船舶推进系统改造、水源热泵利用等技术实现指标提升
12	航空器节能改造率	通过加装翼尖小翼、发动机节能改造、运行系统(包括签派放行模块、配载平衡模块等)改造等技术实现指标提升
13	列车节能改造率	通过加装再生制动能量回收系统、改善电气设备性能(如采用异步电动机、超导变压器、永磁电动机等)、改进内燃机车喷油器等技术实现指标提升
14	清洁能源与新能源营运车辆占比	通过推广清洁能源(LNG、CNG、混合电动)、新能源(纯电动)车辆数量实现指标提升
15	清洁能源与新能源营运船舶占比	通过推广清洁能源(LNG、CNG、混合电动)、新能源(纯电动)船舶数量实现指标提升
16	公路客运单位周转量碳排放	通过采用清洁能源(LNG、CNG、混合电动)、新能源(纯电动)、淘汰黄标客车(未达到国Ⅰ排放标准的汽油车,或未达到国Ⅲ排放标准的柴油车)实现指标下降

续上表

序号	指　标	技术措施内容
17	公路货运单位周转量碳排放	通过采用液化天然气(LNG),大型化、专业化货车,淘汰黄标货车(未达到国Ⅰ排放标准的汽油车,或未达到国Ⅲ排放标准的柴油车)实现指标下降
18	城市公交单位客运周转量碳排放	通过采用天然气(LNG、CNG)以及新能源(电动)公交车辆实现指标下降
19	出租汽车单位客运量碳排放	通过采用压缩天然气(CNG)、新能源(电动)、混合动力出租汽车实现指标下降
20	水路货运单位周转量碳排放	通过采用天然气(LNG)动力船、靠港采用岸电等手段实现指标下降
21	铁路客运单位周转量碳排放	通过采用电气化铁路牵引机车等实现指标下降
22	铁路货运单位周转量碳排放	通过采用电气化铁路牵引机车、列车重载技术等实现指标下降
23	民航客运单位周转量碳排放	通过采用低碳燃料、飞机减重实现指标下降
24	民航货运单位周转量碳排放	通过采用低碳燃料、飞机减重实现指标下降
25	模拟驾驶器替代率	通过提高模拟器仿真度进而提高学员对模拟器接受程度实现指标提升
26	运输装备废弃物处理率	通过采用膜生物法工艺,紫外线、臭氧等消毒方法,吸附、过滤船舶污水浮油技术;回收并处理飞机除冰液废液;列车集便器收集厕所排泄物,使用污水处理设备;船舶设置污水、压舱水以及固体废物回收装置等技术实现指标提升
27	运输装备维修材料循环利用率	通过采用制冷剂回收、净化、加注设备以及调试车间或工位尾气收集净化设施、装置等实现指标提升
28	运输装备的轻量化率	通过采用高效复合型材料实现车体轻量化(减轻车体结构、转向架和车内设备)、飞机减重(使用复合材料、取代液压系统的电传操纵系统)、船舶减重等方式实现指标提升
29	航空生物燃料航空器占比	通过使用可持续航空生物燃料进行的航空生物燃料适航等方式实现指标提升

续上表

序号	指　　标	技术措施内容
30	运输装备减量维修使用率	采用超声波、等离子切割设备等替代传统高资源消耗方式进行运输装备维修实现指标提升
31	运输装备高效维修使用率	采用自动化诊断仪、异响诊断仪、汽车故障电脑诊断仪、内窥镜、免拆清洗修复设备等高效维修设备进行维修实现指标提升
32	运输装备绿色维修使用率	通过采用绿色机电维修技术、绿色钣金技术、绿色涂漆技术和其他绿色维修技术、减少五废排放等技术实现指标提升

专栏 9-1　中国高铁永磁牵引时代来临

牵引传动系统在业内被称为“列车之心”，其性能在某种程度上决定了列车的动力品质、能耗和控制特性，也影响着列车的经济性、舒适性与可靠性，是节能升级的关键。世界轨道交通车辆的电力牵引系统技术在经历了直流传动牵引系统向交流传动牵引系统发展后，目前正在由感应异步传动朝永磁同步传动发展。永磁同步牵引系统因其高效率、高功率密度的显著优势，代表了当前提倡节能减排、绿色环保的技术发展趋势，成为各大发达国家竞相研究的技术热点。高效节能是永磁牵引系统最突出的优势。

2015 年，中国中车旗下株洲电力机车研究所有限公司攻克了第三代轨道交通牵引技术，即永磁同步电机牵引系统，掌握完全自主知识产权，成为中国高铁制胜市场的一大战略利器。数据显示，株洲所研发的 690kW 永磁同步电机，比目前主流的异步电机功率提高 60%，电机损耗降低 70%。

二、经济手段

在指标体系中，重点针对社会效益明显、经济效益不明显的领域进行经济手段的引导。可用经济手段实现指标优化的有 33 项，其经济手段体系如表 9-3 所示。

交通运输装备绿色经济手段体系 表9-3

序号	指 标	经济手段内容
1	公路客运单位周转量能耗	依托节能带来的直接经济效益
2	公路货运单位周转量能耗	依托节能带来的直接经济效益
3	城市公交单位客运周转量能耗	依托节能带来的直接经济效益
4	出租汽车单位客运量能耗	依托节能带来的直接经济效益
5	水路货运单位周转量能耗	依托节能带来的直接经济效益
6	铁路客运单位周转量能耗	依托节能带来的直接经济效益
7	铁路货运单位周转量能耗	依托节能带来的直接经济效益
8	民航客运单位周转量能耗	依托节能带来的直接经济效益
9	民航货运单位周转量能耗	依托节能带来的直接经济效益
10	营运车辆节能改造率	前期进行节能减排资金补助,后期依托节能带来的直接经济效益以及合同能源管理等市场化手段;开展节能车型购置补贴、维修补贴以及报废更新补贴
11	船舶节能改造率	前期进行节能减排资金补助,后期依托节能带来的直接经济效益以及合同能源管理等市场化手段
12	航空器节能改造率	前期进行节能减排资金补助,后期依托节能带来的直接经济效益以及合同能源管理等市场化手段
13	列车节能改造率	前期进行节能减排资金补助,后期依托节能带来的直接经济效益以及合同能源管理等市场化手段
14	清洁能源与新能源营运车辆占比	前期进行节能减排资金补助,后期依托节能带来的直接经济效益以及合同能源管理、租赁代购以及参与碳排放交易等市场化手段
15	清洁能源与新能源营运船舶占比	前期进行节能减排资金补助,后期依托节能带来的直接经济效益以及合同能源管理、租赁代购以及参与碳排放交易等市场化手段
16	符合国Ⅳ及以上汽车排放标准的营运车辆占比	依托财政补贴以及税费减免等手段
17	公路客运单位周转量碳排放	针对低排放进行财政资金奖励
18	公路货运单位周转量碳排放	针对低排放进行财政资金奖励
19	城市公交单位客运周转量碳排放	针对低排放进行财政资金奖励
20	出租汽车单位客运量碳排放	针对低排放进行财政资金奖励

续上表

序号	指　　标	经济手段内容
21	水路货运单位周转量碳排放	针对低排放进行财政资金奖励
22	铁路客运单位周转量碳排放	针对低排放进行财政资金奖励
23	铁路货运单位周转量碳排放	针对低排放进行财政资金奖励
24	民航客运单位周转量碳排放	针对低排放进行财政资金奖励
25	民航货运单位周转量碳排放	针对低排放进行财政资金奖励
26	模拟驾驶器替代率	前期进行节能减排资金补助，后期依托成本下降带来的直接经济效益
27	运输装备废弃物处理率	前期进行财政资金补助，后期根据技术成熟后依托建设成本下降带来的直接经济效益
28	运输装备维修材料循环利用率	前期进行节能减排资金补助，后期根据采用循环维修技术带来的直接经济效益
29	运输装备的轻量化率	前期进行节能减排资金补助或财政资金补助，后期根据节能带来的直接经济效益
30	航空生物燃料航空器占比	进行节能减排资金补助
31	运输装备减量维修使用率	前期进行节能减排资金补助，后期根据减量维修技术带来的直接经济效益
32	运输装备高效维修使用率	前期进行节能减排资金补助，后期根据高效维修技术带来的直接经济效益
33	运输装备绿色维修使用率	前期进行节能减排资金补助，后期根据绿色维修技术带来的直接经济效益

专栏9-2　绿色包装　循环共享

许多发达国家把绿色包装概括为“4R1D”，即Reduce（减量化）、Reuse（能重复使用）、Recycle（能回收再利用）、Refill（能再填充使用）和Degradable（能腐化降解）。简言之，绿色包装泛指那些用料节省资源、减少包装废弃物、利用回收再生、填埋时少占地易于降解的包装。物流业每年要使用大量的包装，将使用过的包装重新利用，不仅利于降低成本，还能节约环保。

因此,让包装更绿色、更易于循环共享,是开启绿色交通的有效途径。以可拆卸钢边木箱为例,木箱在物流业中广泛应用,但成本极高,每平方米木箱的成本达到上百元。因此,像积木一样可拆解重装的木箱应运而生。可拆卸钢边木箱就是采用镀锌钢带并结合舌型锁扣的特殊结构,将六个胶合板面板组合而成的可折叠、可拆装木箱,这种设计不仅便于运输,而且方便木箱的循环共享使用。

三、管理手段

在指标体系中,重点针对经济手段发挥作用不明显的领域开展管理手段体系的构建,实现32项指标优化,如表9-4所示。

交通运输装备绿色管理手段体系 表9-4

序号	指　标	管理手段内容
1	营运车船燃料限值制度执行率	严格按照制度执行
2	公路客运单位周转量能耗	开展周期性能效对标,节能驾驶技术培训
3	公路货运单位周转量能耗	开展周期性能效对标,节能驾驶技术培训
4	城市公交单位客运周转量能耗	开展周期性能效对标,节能驾驶技术培训
5	出租汽车单位客运量能耗	开展周期性能效对标,节能驾驶技术培训
6	水路货运单位周转量能耗	开展周期性能效对标
7	铁路客运单位周转量能耗	开展周期性能效对标
8	铁路货运单位周转量能耗	开展周期性能效对标
9	民航客运单位周转量能耗	开展周期性能效对标
10	民航货运单位周转量能耗	开展周期性能效对标
11	营运车辆节能改造率	出台政策,鼓励投入节能型营运车辆以及节能改造
12	船舶节能改造率	出台政策,鼓励投入节能型营运船舶以及节能改造
13	航空器节能改造率	出台政策,鼓励投入节能型航空器以及节能改造
14	清洁能源与新能源营运车辆占比	出台政策,鼓励投入清洁能源与新能源营运车辆
15	清洁能源与新能源营运船舶占比	出台政策,鼓励投入清洁能源与新能源营运船舶

续上表

序号	指　　标	管理手段内容
16	符合国Ⅳ及以上汽车排放标准的营运车辆占比	建立准入制度
17	公路客运单位周转量碳排放	建立碳核查机制，实行对标管理
18	公路货运单位周转量碳排放	建立碳核查机制，实行对标管理
19	城市公交单位客运周转量碳排放	建立碳核查机制，实行对标管理
20	出租汽车单位客运量碳排放	建立碳核查机制，实行对标管理
21	水路货运单位周转量碳排放	建立碳核查机制，实行对标管理
22	铁路客运单位周转量碳排放	建立碳核查机制，实行对标管理
23	铁路货运单位周转量碳排放	建立碳核查机制，实行对标管理
24	民航客运单位周转量碳排放	建立碳核查机制，实行对标管理
25	民航货运单位周转量碳排放	建立碳核查机制，实行对标管理
26	模拟驾驶器替代率	制定办法，明确初训中使用模拟驾驶器的学时、内容
27	运输装备废弃物处理率	明确标准，针对未达要求者给予相关行政、经济处罚
28	运输装备维修材料循环利用率	开展绿色维修示范项目
29	航空生物燃料航空器占比	开展绿色航空生物燃料航空器适航验证项目
30	运输装备减量维修使用率	开展绿色维修示范项目
31	运输装备高效维修使用率	开展绿色维修示范项目
32	运输装备绿色维修使用率	开展绿色维修示范项目

专栏 9-3　交通运输部发布水运 LNG 应用指导意见

2013 年 11 月，交通运输部发布了《推进水运行业应用液化天然气的指导意见》(以下简称《意见》)。《意见》提出，我国水运行业将按照先示范引领、后推广应用，先内河、再沿海、后远洋，先普通货船，再客船、危险品船的路径，有序推进液化天然气(LNG)的应用，到 2015 年和 2020 年，LNG 应用的标准体系分别实现基本形成和基本完善，内河运输船舶能源消耗中 LNG 的比例先后达到 2% 以上和 10% 以上目标。

按照安全有序、示范引领,市场主导、协同推进,创新驱动、技术支撑的基本原则,《意见》提出,到2015年期间,启动我国重点水域、港区的LNG站点建设,有序开展长江干线、西江航运干线、京杭运河、淮河和部分封闭水域的普通货船试点示范和客船试点工作,在有条件的地区率先推动港作船和工程船应用LNG。到2020年,LNG加注设施基本适应水运发展需要,在全国主要内河水域推广LNG在普通货船和客船、港作船和工程船等船舶的应用,稳步开展危险品船、沿海客船和普通货船LNG应用试点示范项目,启动远洋运输船舶应用LNG的试点工作。

《意见》提出要完成以下几方面任务:一是完善标准规范体系。制定出台LNG动力船舶、LNG加注船及其关键设备的检验法规、技术标准和相关安全管理规定;研究出台LNG加注码头的有关标准规范;研究制定LNG动力船舶的排放监测检测规程;促进LNG应用的标准化和产业化发展。二是开展试点示范。实施集现有内河船舶LNG动力改造、新建LNG动力船舶、加注设施建设、运营监管等于一体的示范项目;适时开展沿海LNG动力船舶和加注船示范,启动海峡两岸LNG动力船舶应用相关工作,在远洋LNG动力船舶应用研究基础上启动试点工作;开展港作船、流动机械设备、工程船舶、码头加注设施建设试点示范。三是加强应用研究。开展船用LNG加注、储存、运营安全风险等研究,进行技术总结,使应用范围从内河逐步扩大到沿海及远洋;促进标准化生产体系和产品质量控制体系建设,提升水运LNG应用关键设备的生产能力及可靠性;开展LNG动力远洋船舶的燃料存储、检测等应用研究。四是强化科技支撑。充分发挥LNG供应商、港航企业、船用发动机和储气罐等设备供应商、科研机构、高等院校等单位的优势,联合开展科技攻关活动,重点推进现有船舶更新改造,LNG气体发动机和双燃料发动机技术、LNG转化电力推进技术、LNG储气罐标准化等应用的技术进步,开展LNG加注船安全保障技术研究;建立LNG动力标准化船型库;密切跟踪国内外技术发展动态,注重消化吸收集成应用。

此外,《意见》还对我国水运行业应用LNG的监督管理、制度创新、组织领导、政策措施和宣传推广等方面作了明确要求。

四、法规标准

在指标体系中，可用法规标准手段实现指标规制的有32项，其法规标准手段体系如表9-5所示。

交通运输装备绿色法规标准手段体系　　表9-5

序号	指　标	法规标准手段内容
1	营运车船燃料限值制度执行率	建立地方性《营运船舶燃料消耗量限值及测量方法》
2	公路客运单位周转量能耗	执行《综合能耗计算通则》（GB/T 2589），建立地方性核算方法
3	公路货运单位周转量能耗	执行《综合能耗计算通则》（GB/T 2589），建立地方性核算方法
4	城市公交单位客运周转量能耗	执行《综合能耗计算通则》（GB/T 2589），建立地方性核算方法
5	出租汽车单位客运量能耗	执行《综合能耗计算通则》（GB/T 2589），建立地方性核算方法
6	水路货运单位周转量能耗	执行《综合能耗计算通则》（GB/T 2589），建立地方性核算方法
7	铁路客运单位周转量能耗	执行《综合能耗计算通则》（GB/T 2589），建立地方性核算方法
8	铁路货运单位周转量能耗	执行《综合能耗计算通则》（GB/T 2589），建立地方性核算方法
9	民航客运单位周转量能耗	执行《综合能耗计算通则》（GB/T 2589），建立地方性核算方法
10	民航货运单位周转量能耗	执行《综合能耗计算通则》（GB/T 2589），建立地方性核算方法
11	营运车辆节能改造率	编制地方性《节能环保型车辆技术推广目录》
12	船舶节能改造率	编制地方性《节能环保型船舶技术推广目录》
13	航空器节能改造率	编制《节能环保型航空器改造技术推广目录》
14	清洁能源与新能源营运车辆占比	出台规划，明确指标
15	清洁能源与新能源营运船舶占比	出台规划，明确指标
16	符合国Ⅳ及以上汽车排放标准的营运车辆占比	出台规划，明确指标
17	公路客运单位周转量碳排放	建立行业碳核查方法
18	公路货运单位周转量碳排放	建立行业碳核查方法
19	城市公交单位客运周转量碳排放	建立行业碳核查方法

续上表

序号	指　　标	法规标准手段内容
20	出租汽车单位客运量碳排放	建立行业碳核查方法
21	水路货运单位周转量碳排放	建立行业碳核查方法
22	铁路客运单位周转量碳排放	建立行业碳核查方法
23	铁路货运单位周转量碳排放	建立行业碳核查方法
24	民航客运单位周转量碳排放	建立行业碳核查方法
25	民航货运单位周转量碳排放	建立行业碳核查方法
26	模拟驾驶器替代率	制定《模拟驾驶器使用管理办法》,明确模拟驾驶器功能、指标
27	运输装备废弃物处理率	出台规划,明确指标
28	运输装备维修材料循环利用率	建立地方标准,明确使用范围和指标
29	运输装备的轻量化率	建立地方标准
30	运输装备减量维修使用率	建立《绿色维修技术及装备推广目录》
31	运输装备高效维修使用率	建立《绿色维修技术及装备推广目录》
32	运输装备绿色维修使用率	建立《绿色维修技术及装备推广目录》

第十章

运输组织绿色化实现方法

第一节 评价指标

运输组织绿色化发展重点关注运输效率的提升，通过积极发展低能耗的运输方式、多种运输方式的集约发展、提高客货运输车船的里程利用率和实载率等提高运输组织的能耗水平，为此基于综合运输组织能耗最优化的目标，从运输方式的占比、运输方式的里程利用率、实载率等效率指标提出运输组织绿色化发展的指标，如表 10-1 所示。

在该指标体系中共包括 14 个具体指标，其中节能指标 9 个、低碳指标 2 个、高效指标 6 个；地区性指标 1 个、通用性指标 13 个；过程前指标 4 个、过程中指标 13 个[1]。各指标定义及计算方法如下：

(1)水运与铁路承运比例：相对指标，%。指地区一定时期内水路货运周转量与铁路货运周转量之和占全社会各运输方式货运周转量的比例。该指标属地区性指标，不通用，应根据地区特点、经济发展阶段等指标进行动态调整优化。该指标计算方法如下：

$$\text{水运与铁路承运比例}=\frac{[\text{水路货物运输量(万 t·km)}+\text{铁路货物运输量(万 t·km)}]}{\text{全社会总货运量(万 t·km)}}$$

(2)公共交通占机动化出行分担率：相对指标，%。指城市居民出行方式中选择公共交通(包括常规地面公交和轨道交通)的出行量占总机动化出行量的比率(不含步行、自行车等非机动化方式)，这个指标是衡量公共交通发展、城市交通结构合理性的重要指标。该指标计算方法如下：

$$\text{公共交通占机动化出行分担率}=\frac{\text{公共交通客运量(万人次)}}{\text{机动化出行量(万人次)}}$$

(3)多式联运占综合运输周转量比例：相对指标，%。指地区内开展一体化多式联运的货运周转量占全社会货运周转量的比例。该指标计算方法如下：

$$\text{多式联运占综合运输周转量比例}=\frac{\text{联运货运周转量(万 t·km)}}{\text{货物运输总周转量(万 t·km)}}$$

(4)营运货车平均里程利用率：相对指标，%。指地区一定时期内营运性货运汽车载货运行的里程占全部运行里程的比例。该指标计算方法如下：

[1] 部分指标具有多重代表性。

交通运输组织绿色化评价指标体系

表 10-1

序号	指标层	对象层						一级准则层			二级准则层					
		综合	公路	水路	铁路	航空	城市交通	过程前	过程中	过程后	节能	低碳	循环	减量	高效	生态
1	水运与铁路承运比重	√		√	√				√		√	√				
2	公共交通占机动化出行分担率						√		√		√	√				
3	多式联运占综合运输周转量比重	√	√	√	√	√			√						√	
4	营运货车平均里程利用率		√						√		√					
5	营运船舶平均里程利用率			√					√		√					
6	铁路货运平均里程利用率				√				√		√					
7	营运客车实载率		√				√		√		√					
8	铁路客运实载率				√				√		√					
9	民航客运实载率					√			√		√					
10	交通流运行速度		√	√	√	√	√		√						√	
11	联网售票系统覆盖率	√	√	√	√	√	√	√			√				√	
12	面向用户的出行信息发布系统覆盖率	√	√	√	√	√	√	√	√						√	
13	面向用户的物流公共信息平台覆盖率	√	√	√	√	√	√	√	√						√	
14	面向用户的运营调度指挥系统覆盖率	√	√	√	√	√	√	√	√						√	

$$营运货车平均里程利用率 = \frac{载货里程(km)}{总里程(km)}$$

（5）营运船舶平均里程利用率：相对指标，%。指地区一定时期内营运性货运船舶载货运行的里程占全部运行里程的比例。该指标计算方法如下：

$$营运船舶平均里程利用率 = \frac{载货里程(km)}{总里程(km)}$$

（6）铁路货运平均里程利用率：相对指标，%。指地区一定时期内货运列车载货运行的里程占全部运行里程的比例。该指标计算方法如下：

$$铁路货运平均里程利用率 = \frac{载货里程(km \times 辆)}{总里程(km \times 辆)}$$

（7）营运客车实载率：相对指标，%。指地区一定时期内公路客运车辆完成的客运量与公路客运能力的比值。该指标计算方法如下：

$$营运客车实载率 = \frac{公路客运量(万人次)}{公路客运能力(核定最大载客数)}$$

（8）铁路客运实载率：相对指标，%。指地区一定时期内铁路客运完成的客运量与铁路客运能力的比值。该指标计算方法如下：

$$铁路客运实载率 = \frac{铁路客运量(万人次)}{铁路客运能力(核定最大载客数)}$$

（9）民航客运实载率：相对指标，%。指地区一定时期内民航客运完成的客运量与民航客运能力的比值。该指标计算方法如下：

$$民航客运实载率 = \frac{民航客运量(万人次)}{民航客运能力(核定最大载客数)}$$

（10）交通流运行速度：绝对指标，km/h。指地区一定时期内城市主要干道、高速公路、铁路车辆、列车运行平均速度。该指标用于表征地区交通运行效率。

（11）联网售票系统覆盖率：相对指标，%。指地区内通过联网售票实现出行的客运量占全社会客运量的比例。该指标计算方法如下：

$$联网售票系统覆盖率 = \frac{通过联网售票实现出行客运量(万人次)}{全社会客运量(万人次)}$$

（12）面向用户的出行信息发布系统覆盖率：相对指标，%。指地区一定时期内通过公众出行信息发布系统完成出行的人群数量占全部出行量的比例。该指标计算方法如下：

$$\begin{array}{c}面向用户的出行信\\息发布系统覆盖率\end{array} = \frac{通过公众出行信息发布系统完成出行的人群数量(万人次)}{地区全部出行量(万人次)}$$

(13)面向用户的物流公共信息平台覆盖率:相对指标,%。指地区一定时期内通过物流公共信息平台完成的物流处理量占全社会物流处理量的比例。该指标计算方法如下:

$$\text{面向用户的物流公共信息平台覆盖率}=\frac{\text{通过物流公共信息平台完成的物流处理量(万 t)}}{\text{全社会物流处理量(万 t)}}$$

(14)面向用户的运营调度指挥系统覆盖率:相对指标,%。指地区内安装运营调度指挥系统终端的运输装备数量占全部运输装备数量的比例。该指标计算方法如下:

$$\text{面向用户的运营调度指挥系统覆盖率}=\frac{\text{安装运营调度指挥系统终端的运输装备数量(辆/艘/架/列)}}{\text{全部运输装备数量(辆/艘/架/列)}}$$

第二节　基于评价指标的绿色运输组织体系构建

一、技术体系

在指标体系中,可用技术实现指标优化的有 14 项,其技术体系如表 10-2 所示。

交通运输组织绿色技术体系　　表 10-2

序号	指　标	技术措施内容
1	水运与铁路承运比重	通过对过坝船闸进行扩能、建设物流信息平台、线路优化、优化班轮组织、优化列车编组、优化运行图、实行铁路客货分线运行等综合性技术措施进一步降低水运、铁路运输成本实现指标提升
2	公共交通占机动化出行分担率	通过公交线网优化、公交专用道规划、公交优先信号等技术提高公交效率;通过开行大站快车、区间车、响应式公交等多种形式满足多样化出行需求;通过小客车停驶、限行等降低小客车出行量;通过建设公共自行车、接入性好的步行系统提升慢行交通分担率实现指标提升
3	联网售票系统覆盖率	通过安装以云计算为代表的联网资源共享系统实现指标提升,加强对公路、铁路、水路、民航联网售票资源的整合
4	多式联运占综合运输周转量比重	强化多式联运基础设施建设;通过开展以物流信息技术为基础的一单制货物联运模式、甩挂运输、滚装运输等实现指标提升

续上表

序号	指　　标	技术措施内容
5	营运货车平均里程利用率	通过运力联网调度系统、物流公共信息服务平台等实现指标提升
6	营运船舶平均里程利用率	通过运力联网调度系统、物流公共信息服务平台等实现指标提升
7	铁路货运平均里程利用率	通过优化列车编组等技术实现指标提升
8	营运客车实载率	通过城乡道路客运一体化、农村客运公交化、运力联网调度系统等实现指标提升
9	铁路客运实载率	通过优化列车编组、优化运行图等技术实现指标提升
10	民航客运实载率	通过优化民航客运排班技术实现指标提升
11	交通流运行速度	通过实行铁路客货分线、高速公路客货分线、区域性货车禁行等技术实现指标提升
12	面向用户的出行信息发布系统覆盖率	开展面向公路、水路、铁路、民航客运以及城市交通体系(含公交)的出行信息发布系统建设,及时发布交通运行、道路、气象、运力班次安排、票额、线路规划等涉及出行前、出行中的多样化信息,实现指标提升
13	面向用户的物流公共信息平台覆盖率	通过建设物流公共信息平台,融合需求方、供给方、仓储加工方、运输方等多方面信息,实现指标提升
14	面向用户的运营调度指挥系统覆盖率	通过建设出租汽车电召服务系统、智能公交系统、响应式公交服务系统、包车在线订车处理系统、班线车辆联网调度指挥系统等实现指标提升

专栏 10-1　需求响应式公交

需求响应式公共交通系统以各种各样的模式在国外存在和运行,其主要形式有以下几种:

(1)辅助公共交通、电话预约公共交通。这两种公共交通是需求响应式公共交通系统最早的运营方式,用于服务老弱病残等个人行为能力不足的乘客。乘客首先提前打电话或者通过其他方式预约,公交调度系统根据预约情况生成最优的公交线路。

(2)穿梭巴士。这种公共交通采取的是行驶在两个固定点或者多个固定点之间,例如机场巴士、酒店巴士、展览馆巴士、旅游景点巴士、大学校园穿梭巴士等。在国外,穿梭巴士一般采用需求响应的模式,乘客先预约,调度中心根据当时的需求情况决定调用几辆巴士进行服务并且生成最优的服务路径。在国内,穿梭巴士一般是固定线路,乘客根据需求选择不同的线路。

(3)合乘出租汽车。这是一种介于巴士和出租汽车之间的公共交通形式。合乘出租汽车规模小于巴士,没有固定的时刻表,一般在固定或者半固定的线路上行驶,在特定的站点载满乘客后开始服务。

(4)出租汽车。这是最机动多变的公共交通形式,它没有固定站点、线路和时刻表,完全随机地按照所有可能的需求,接送在任何站点的乘客。

二、经济手段

14 项指标均可以经济手段实现优化,其经济手段体系如表 10-3 所示。

交通运输组织绿色经济手段体系 表 10-3

序号	指　　标	经济手段内容
1	水运与铁路承运比重	降低水运、铁路货运规费
2	公共交通占机动化出行分担率	实行低票价、累积里程制票制,对小客车停驶进行停车、车船税等税费方面的减免以及停驶奖励,征收交通拥挤费、轮胎费等
3	联网售票系统覆盖率	前期进行节能减排资金补助,后期依托成本下降带来的直接经济效益
4	多式联运占综合运输周转量比重	针对多式联运,采取低于单一方式累加成本的运价方式,依托成本下降带来的直接经济效益;对多式联运中转站进行资金补助;开展多式联运的企业给予补贴或税收减免
5	营运货车平均里程利用率	依托企业对于降低经济成本的自身动力
6	营运船舶平均里程利用率	依托企业对于降低经济成本的自身动力
7	铁路货运平均里程利用率	依托企业对于降低经济成本的自身动力
8	营运客车实载率	公路通行费中针对高实载率车辆(包括社会车辆)进行低费率收费,采用浮动式票价,同时依托企业对于降低经济成本的自身动力
9	铁路客运实载率	采用浮动式票价,同时依托企业对于降低经济成本的自身动力
10	民航客运实载率	采用浮动式票价,同时依托企业对于降低经济成本的自身动力
11	交通流运行速度	政府投资导向

续上表

序号	指　　标	经济手段内容
12	面向用户的出行信息发布系统覆盖率	进行财政补贴
13	面向用户的物流公共信息平台覆盖率	进行财政补贴
14	面向用户的运营调度指挥系统覆盖率	进行财政补贴,同时依托企业对于降低经济成本的自身动力

三、管理手段

在指标体系中,重点针对经济手段发挥作用不明显的领域开展管理手段体系的构建,实现12项指标优化,如表10-4所示。

交通运输组织绿色管理手段体系　　表10-4

序号	指　　标	管理手段内容
1	水运与铁路承运比重	出台意见,针对发展LNG等低成本燃料船舶给予优惠政策
2	公共交通占机动化出行分担率	制定私家车总量控制政策,设置低排放区,实施差别化停车措施,实施与服务质量挂钩的公交财政补贴机制
3	模拟驾驶器替代率	制定办法,明确初训中使用模拟驾驶器的学时、内容
4	联网售票系统覆盖率	出台规划、规定,明确三级以上公路客运站纳入联网售票系统
5	多式联运占综合运输周转量比重	放宽多式联运限制,针对运输限制如区域禁货等政策予以适当放宽
6	营运货车平均里程利用率	出台鼓励发展挂车租赁、挂车互换的相关政策,推广甩挂运输联盟,深化绿色通道政策
7	营运船舶平均里程利用率	鼓励开展水路运输企业联盟,实现船舶调度区域化
8	民航客运实载率	鼓励机场开展无缝客运,打造机场客运政策洼地
9	交通流运行速度	出台高速公路客货分线运行管理办法、区域性货车禁行管理办法
10	面向用户的出行信息发布系统覆盖率	开展智慧交通体系建设

续上表

序号	指　　标	管理手段内容
11	面向用户的物流公共信息平台覆盖率	开展智慧交通体系建设，结合《交通运输部关于交通运输推进物流业健康发展的指导意见》，制定措施
12	面向用户的运营调度指挥系统覆盖率	开展智慧交通体系建设

专栏 10-2　山东：甩挂车里程利用率达 78%

山东省自承担交通运输部公路甩挂运输试点项目开展以来，各试点企业推进试点各项工作，取得了阶段成果。截至 2014 年底，新购置牵引车 371 辆、挂车 547 辆，开通了甩挂运输线路 50 条，范围覆盖山东及周边部分省区。甩挂运输货运量达 2047 万 t，货运周转量 20 亿 t · km。车辆平均里程利用率达 78%，取得了良好经济社会效益。

较我国其他省份而言，山东省甩挂运输业的发展相对超前。客观上，山东省地理位置以及交通条件具有优势，山东半岛紧邻黄海，拱卫京津与渤海湾，确实适合甩挂运输发展。但山东省较为成功地开展甩挂运输，离不开主观上政府及企业的重视与努力。

政府方面，2013 年 1 月，山东省交通运输厅等 6 部门发布促进甩挂运输发展的指导意见，提出 6 大重点任务，使得山东的甩挂运输车辆享受到了通行费优惠等多项优惠政策。此外，山东省还主导组建和完善了环渤海湾甩挂运输联盟和山东省甩挂运输联盟，启动了中韩陆海联运，为企业间形成协同效应创造条件。

甩挂运输企业方面，从事甩挂运输的各试点企业探索形成了各具特色、行之有效的甩挂运输运作模式，主要有集装箱集疏运甩挂、渤海湾滚装运输甩挂、零担快运专线甩挂和危险品甩挂等形式，以企业内“一线两点”的甩挂操作模式为主。荣庆物流、烟台打捞局、聊城千千佳公司等企业都形成了自己的甩挂战略。

四、法规标准

在指标体系中,可用法规标准手段实现指标规制的有5项,其法规标准手段体系如表10-5所示。

交通基础设施绿色法规标准手段体系　　表10-5

序号	指　　标	法规标准手段内容
1	水运与铁路承运比重	构建多式联运技术标准体系
2	公共交通占机动化出行分担率	制定公交企业财政补贴与服务质量考核挂钩管理办法
3	多式联运占综合运输周转量比重	构建多式联运技术标准体系和运输装备标准体系、基础设施建设标准体系
4	营运货车平均里程利用率	制定城市货物运输与车辆通行管理办法和城市配送企业运营服务规范,制定挂车互换的有关制度和规范
5	交通流运行速度	制定完善货运专用、客运专用铁路、高速公路设计规范

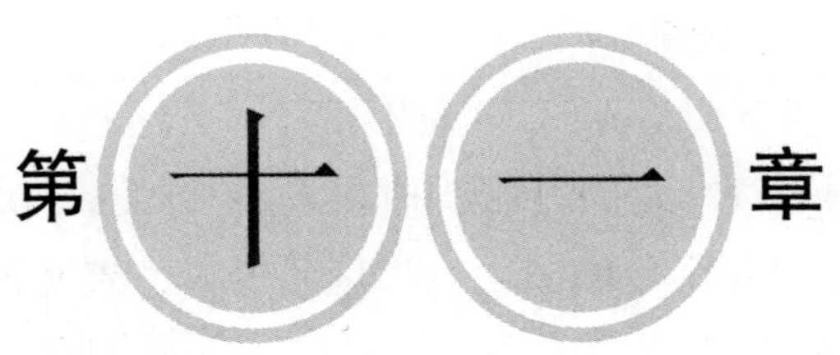

第十一章

案例分析：重庆绿色交通发展的思考

第一节　交通体系现状及绿色化评估

一、重庆概况

重庆是我国西部地区唯一的直辖市，面积 8.24 万 km^2，辖 38 个区县，人口 3200 万，具有集大城市、大农村、大山区、大库区和少数民族聚集区于一体的特殊市情。1997 年直辖以来，党中央、国务院不断强化重庆的发展定位，明确要求建成长江上游地区的经济中心、西部地区的重要增长极、统筹城乡发展的直辖市，在西部率先实现全面小康社会。

二、发展绿色交通的区位特点

1. 西南地区综合枢纽

重庆是我国西部唯一集水陆空管道运输方式为一体的交通枢纽城市，是国家定位下的西南地区综合交通枢纽、长江上游地区航运中心。公路运输在综合交通运输中仍占主导地位，水路运输优势逐步提升。公路客、货运输在全市综合交通运输中的占比分别为 96.3%、85.4%，占主导地位；水路货物运输占全社会运量比重逐年提升，2013 年水路货运占比达到 15%，随着水路运输装备标准化、大型化发展，水路低碳运输优势将更加凸显。

2. 著名的山城、江城

重庆市地处四川盆地东南缘，境内重峦叠嶂，地貌组合差异大，东部和南部靠大巴山、武陵山两座大山脉，西北部和中部以丘陵、低山为主。武陵山地区多喀斯特地貌，地质环境脆弱。特殊的地形地貌决定了陆路交通能耗偏高；山地城市的特点决定了不利于发展非机动车低碳出行方式，优先发展公共交通成为必然。同时，重庆境内水系密布，以长江干流为轴线，汇集嘉陵江、乌江、綦江、渠江、涪江、大宁河等上百条大小支流。拥有长江黄金水道和长江上游地区最大的港口群，是长江上游地区与东部发达地区相联系能耗最低的运输大通道。重庆水环境、地质环境敏感度较高，域内土地资源稀缺，资源环境对交通约束较大，节能低碳与环境保护任重道远。

3. 地处清洁能源富集区

重庆市地处的四川盆地是我国天然气资源最丰富的地区之一，可供勘探的天然气资源面积 18 万 km^2，总资源量 7.2 万亿 m^3；重庆具备丰沛的水电资源，全市水能资源理论蕴藏量 2298 万 kW，经济可开发量（具备开发条件）约 821 万 kW。此外，重庆具有相对完善的汽车、船舶工业体系，使重庆开展清洁能源运输装备应用具备了得天独厚的优势。

4. 风能、太阳能可利用程度低

重庆位于长江以及嘉陵江的汇合处，水气来源充沛，空气潮湿，且周围有高山屏峙，风速较小，年均雾天较多，风能可技术开发量较小（10 万～50 万 kW，主要集中在巫溪、奉节、南川等地），因此重庆不适合大面积开展太阳能和风能等清洁能源利用示范。

三、综合交通体系概况

2013 年，全市高速公路通车总里程达到 2312km，“二环十射”路网全面形成，全面实现“4 小时重庆”；高等级国省干线连通所有区县和省际，普通公路全部取消收费，综合通行能力处于全国领先水平；农村公路总里程超过 10 万 km，乡镇 100% 通油路或水泥路，行政村 100% 通公路，100% 的乡镇和 83% 的行政村通客车；内河水运港口货物和集装箱通过能力达 1.56 亿 t、350 万标准箱，2013 年水上实际货运量和港口吞吐量分别达到 1.44 亿 t、1.37 亿 t，继续跻身于“双亿吨”大港行列。轨道交通实际运营里程达 170km，日均载客量达到 109.7 万人次；主城公交运营线路 497 条、车辆 8627 辆，规模居西部第一；主城区出租汽车总量 1.26 万辆，万人出租汽车拥有量 15.6 辆；综合换乘枢纽和公交站场逐步完善，群众出行更加方便快捷。

四、交通体系绿色化评估

1. 能耗与排放强度

“十二五”以来，重庆交通在发展过程中重视节能减排工作的开展，通过规划引领、优化运输结构、推动试点示范等措施，提高了全市交通用能效率，交通能耗及 CO_2 排放下降明显。

重庆的能源利用率及碳排放水平总体上呈下降趋势，尤其是水路运输能耗及碳排放强度下降明显。但是，除船舶运输外，其他运输方式单耗及碳排放水平下降幅度均较小，从绿色交通的角度审视，重庆的公路水路能耗及碳排放水平有待进一步提高。

2. 基础设施

近年来，重庆市交通基础设施建设成果丰硕，高速公路“二环十射”逐步建成，地方公路建设不断提速，路网结构不断完善；航道整体通行能力得到提高，等级以上航道占 49.1%，主城果园港开港运营，寸滩三期码头、万州神华等重点港口建设有序推进，长江上游航运中心建设稳步推进。但从绿色交通的角度进行审视，目前重庆交通基础设施存在以下主要问题。

（1）交通结构有待优化。目前，重庆铁路通道复线率为 60%，境内尚无高速铁路，铁路运能相对于东部地区仍处于较低水平；水运大通道运输潜力尚待进一步挖掘，绿色化交通方式发挥作用不够。

（2）综合运输接驳网络不完善。虽然重庆拥有完备的公、铁、水、空运输方式，但限于基础设施接驳性较差，重庆综合运输接驳网络目前也不完善，突出表现在铁路运输与水路运输接驳效率低、铁路运输与城市客运网络衔接性差等方面。

（3）相关制度执行意识有待提高。目前，在交通基础设施建设中，环评、水土保持方案编制制度执行较好，但各方对交通行业节能评估报告的要求和质量不够重视，尤其是普通公路等建设节能评估执行力度低，或者建设单位只重视节能评估报告的编制和审批环节，对于报告提出的节能措施的执行率偏低，导致项目在建设、运营阶段的能耗上升，对环境的影响加大。

（4）天然气加气站、充电桩等配套设施建设滞后。目前，主城区已建成 CNG 加气站 32 座，LNG 加气站 4 座，充电站 3 座、充电桩 200 个。由于缺少相关规范标准，LNG 加气站总量及能力不足，且主要分布在内环与绕城高速之间，尚未在高速公路、港口码头上建设布局，导致 LNG 车船的推广应用难度较大；充电站（桩）设置偏少，随着《关于继续开展新能源汽车推广应用工作的通知》《关于进一步做好新能源汽车推广应用工作的通知》等政策的实施，国家对新能源汽车的推广力度不断加大，现有的充电设施将难以适应重庆电动车的增长需求。

3. 运输装备

重庆利用得天独厚的天然气资源，大力推广了清洁能源汽车的发展，目前，全市 CNG 公交车 10147 辆，占总量的 84%，CNG 出租汽车 19724 辆，占总量的 96%，CNG 车辆的推广应用在全国处于领先水平；船舶标准化率已达 75%。推广 500 余台汽车驾驶模拟器，基本实现了全市重点驾驶培训学校初训的低碳化。但是，从绿色交通的角度进行审视，重庆交通运输装备还存在以下主要问题。

(1)小汽车增长过快。重庆目前处于快速城镇化和机动化阶段，主城区私家车2013年增长10万辆，小汽车过度使用，导致以石油基燃料为主的能源供不应求，温室气体排放快速增加，并对能源安全造成威胁。同时，对交通运行造成干扰，据统计，2013年重庆主城区高峰平均时速24.5km。

(2)LNG车船比例偏低。重庆天然气的使用类型主要为压缩天然气，且主要应用于城市公交及出租车领域，对于液化天然气(LNG)的推广使用还处于起步阶段，全市LNG客货车仅有400余台，LNG船舶仅有1艘。

(3)新能源汽车推广力度有待提升。在国家政策的推动下，重庆的新能源汽车主要应用于城市公交领域，且推广应用的力度不大，现有混合动力公交车约1000辆，占总量的8%；纯电动公交车41辆，仅占0.3%。新能源汽车推广的范围、力度有待进一步扩散和加强。

(4)模拟驾驶器缺乏推广标准。目前，驾驶模拟器规格较多，缺乏统一的行业准入技术标准、规范等，而且行业对于模拟器教学学时是否纳入学员学时记录IC卡中亦无明确规定，不利于装备推广与有效利用。

(5)节能环保船舶推广范围有待扩大。重庆现有电力推进游轮1艘("世纪神话"号)，在现有技术较成熟的情况下，电力推进船舶可进一步建设推广；长江干线船型标准化率约70%，船舶的标准化改造仍需进一步加强；此外，船舶的节能技术改造，包括水源热泵、主机冷却水余热利用、船舶推进系统改造等技术尚未在全行业得到充分应用，推广力度有待提高。

专栏11-1 化学品船舶液货舱主机冷却水余热利用改造工程

化学品船舶液货舱主机冷却水余热利用改造工程由重庆市泽胜船务(集团)有限公司于2013年开始实施，通过取消安装25艘船舶原设计的燃油锅炉，对液货舱加热管路进行改造，增加机舱主机冷却水循环水舱，利用主机运行时冷却水余热对液货舱所载货物进行加热、保温，从而减少船舶油料消耗，达到节能减排的目的，每年节约2841.3TCE，减少CO_2排放7559.0t。项目获得交通运输部"2013年绿色循环低碳示范项目"称号。

4. 运输组织

目前,重庆公路班线客车实载率约达到70%,在全国居于较高水平;主城区实施了公共交通一小时免费换乘,结合线网优化,公交一体化的程度明显提高;开展了茶园长江水陆甩挂运输、团结村陆路甩挂运输、鱼复工业园城北物流甩挂运输以及郭家沱载货汽车滚装船运输等工程,对高效的接驳运输组织模式进行了示范。从绿色交通的角度进行审视,目前重庆交通运输组织存在以下主要问题:

(1)公交一体化水平仍需提升。目前,公交网络仍处于轨道成网过程中,常规地面公交与轨道的协作水平仍然较低。推行的公共交通一小时免费换乘政策中,票价为单一票价,免费次数仅为一次。从长远来看,这种不论里程长短、不论是否换乘,乘客出行费用均相同的方式,造成目前"短途坐轨道、长途坐公交"的功能错位问题。建议今后逐步推行不同方式、不同线路的里程累积收费制,以票制改革为突破推进公交一体化进程。

(2)运输资源共享机制尚未形成。运输服务供给方对运力调控自动化程度较低,决策水平不高,对租车、约车等社会化运力资源的共享程度较低,导致春运、黄金周等非常态运输情境下运力紧张或使用效率较低,运输网络的弹性不足。

5. 智能交通

目前,重庆智能交通体系正在逐步建立过程中,已初步建立面向提高公众出行效率的"重庆交通出行网"、主城区公交电子站牌、主城区及部分区县公交智能调度系统、出租汽车电召服务系统、公路客运联网售票系统、高速公路电子不停车收费系统等,基本满足公众出行的便捷性要求;已初步建立面向提高管理决策效率的交通行业办公自动化系统、公路交通信息化一期工程等重点项目,基本满足日常办公需求。但从绿色交通的角度审视,目前重庆智能交通仍存在以下主要问题:

(1)数据的开发利用程度有限,尤其对决策的支撑作用不足。重庆目前拥有实时或准实时的、自动获取的公交浮动车、出租汽车浮动车、两客一危浮动车、公交IC卡刷卡、高速公路收费站刷卡、高速公路关键断面速度、城市道路视频检测数据等多源数据,可通过数据挖掘进行高速公路流量分布仿真分析、公交客流分析等决策分析,但目前以上数据均未开展二次处理,对决策的支撑作用明显不足。

(2)有全行业影响力的公共信息平台缺乏。面向全市乃至全国的物流信息平台尚未建立，导致货运资源利用程度低，据统计，目前重庆高速公路货运车辆空车率高达50%，运力利用率低下。另外，非主城区的区县交通信息化程度较低。

(3)数据共享程度不足。目前，重庆市已形成若干行业以及部门的信息管理系统，但各部门间缺少信息传递、共享机制。

专栏11-2　公路客运联网售票系统节能减排效益估算——以重庆为例

以有无对比法为基本方式，主要考虑提前购票时的能耗及排放规模。

考虑乘客提前取票的一般出行方式以常规地面公交、出租汽车及小客车为主。以2010年重庆市主城区居民出行调查数据为参照，常规地面公交、出租汽车、小客车出行分别占全方式出行比例为32.8%、6.7%、11.5%，以此为基数，常规地面公交、出租汽车、小客车出行分别占取票出行方式的64.4%、13.1%、22.5%。常规地面公交单次乘距7.5km，出租汽车、小客车单次乘距分别为6.5km。

按2013年联网售票162.4万张计，每张订单产生1.34张客票，未实行联网售票情形下因提前购票每张订单需产生1人次出行量，合计121.2万人次。因客运特点的不同，常规地面公交能耗以客运周转量、出租汽车和小客车能耗以总运行里程结合相应单耗计算(即出租汽车、小客车单次仅承载取票乘客一人)。其中：

常规地面公交承担的客运周转量=出行总量×承担比例×单次乘距×2次=121.2万人次×64.4%×7.5km×2次=1170.8万人km。

出租汽车总运行里程=出行总次数×承担比例×单次乘距×2次=121.2万次×13.1%×6.5km×2次=206.4万km。

小客车总运行里程=出行总次数×承担比例×单次乘距×2=121.2万次×22.5%×6.5km×2次=354.5万km。

由此得到各出行方式的能耗：

常规地面公交总能耗=单位客运周转量能耗×客运周转量=0.238TCE/万人km×1170.8万人km=278.7TCE。

出租汽车总能耗=单位里程能耗×运行总里程=9m^3/(100km)×20640(100km)=185760m^3 CNG，折合247.1TCE。

小客车总能耗=单位里程能耗×运行总里程=9L/(100km)×35450(100km)=319050L汽油,折合352.1TCE。

以上总能耗合计877.9TCE,即实施联网售票系统一期工程后,重庆可年节约能源877.9TCE。

6. 管理体系

(1)管理组织机构方面,充分利用市政府节能减排工作领导小组办公室统筹管理和推进全市各行业节能减排工作职能;加强重庆市交委与市发改委、市环保局、市财政局、市经信委等有关部门关于节能减排、环保的工作沟通和协调配合;重庆市交委对原市交通节能减排领导办公室的职能进行了调整,优化了绿色交通工作的管理职能;成立了以市交委主要领导为组长的创建国家环境保护模范城市工作领导小组及办公室,领导小组办公室设在市交委科技处。

(2)制度建设方面,针对重庆公交集团、重庆交运集团等重点交通运输用能企业,建立节能目标考核机制,在能源审计的基础上对每年的节能目标完成量、完成进度进行考核,初步建立了以节能为中心的目标分解考核机制。

(3)市场机制方面,重庆先后有"中国交通领域第一笔碳交易"之称的重庆BRT项目、全球最大碳减排水电项目草街水电站碳减排项目通过"清洁发展机制"(CDM)等市场机制获取资金,形成行业典范。

专栏11-3　草街水电站成功实施碳交易

草街水电站碳减排项目于2007年4月正式启动,日本三菱商事株式会社多次组织专家来渝考察,详细调查了解草街水电站的有关情况。经过多轮谈判磋商,重庆航运建设发展有限公司与日本三菱商事株式会社达成项目转让意向,并按照《京都议定书》的规定于2010年9月22日在联合国成功注册,成为2005年2月16日《京都议定书》生效以来全球碳减排注册装机容量最大的水电项目。这意味着全球最大的碳减排水电项目成功实现交易,开创了全国交通系统碳减排交易的先河。据了解,草街水电站一期转让的碳减排量为300万t,可换来经济效益1500万欧元,折合人民币1.3亿元。

(4)规划指导方面,编制出台《重庆市公路水路交通运输节能减排中长期发展规划》确定了至2020年营运车船节能目标和船舶生活污水达标排放的"三大目标";编制出台《重庆市公路水路交通运输节能减排"十二五"发展规划》,提出了"十二五"期间发展目标和重点任务;出台了《重庆市交通运输能耗统计监测实施方案(暂行)》,针对交通运输用能单位开展能耗统计监测制度;此外,还出台《关于加强节能减排工作的实施意见》等相关文件,为交通的绿色发展明确了工作重点和发展目标。重庆为全国交通运输环境监测网络试点省市之一,目前正积极开展环境监测网络的建设。

(5)宣传教育方面,借助每年的"节能宣传周"、"全国低碳日"开展绿色循环低碳交通发展宣传活动,在全市大力宣传普及绿色循环低碳交通发展成果及贡献;开通重庆交通节能网,方便行业内外及时了解节能减排工作的最新动态,同时也较好地宣传了重庆市节能减排工作取得的成效;对重庆交运集团、市公路局、市港航局等重点交通运输企事业开展节能减排专项培训,增强了行业对节能环保政策、技术的理解。

重庆目前在绿色交通管理体系方面重点针对节能减排开展了管理体制完善、技术支撑机构建立、制度完善、市场机制试水、能力提升、宣传教育等一系列举措,其中不乏新颖、实用的理念和做法,并已走到全国行业管理的前列,取得了较好效果。但绿色交通含义较广,不仅包括节能减排相关要求,还包括生态管理方面的理念。从绿色交通体系的视角来看,重庆绿色交通体系针对制度建设、市场机制、能力建立等方面与内涵所要求的差距明显,尤其是环境监测网络建设滞后、作为形成长效机制重要推动力的市场机制严重不健全等问题将严重阻碍重庆交通绿色化发展进程,亟待针对大交通管理体制的新形势、针对绿色交通的内涵进行完善提升。

第二节　绿色交通发展环境分析

一、优势分析(Strengths)

(1)交通方式完备,具有发展综合交通以实现资源、环境、交通进一步和谐发展的条件。顶层设计优化是发展绿色交通需要解决的首要问题,综合交通方式的完备将为在更深层次、更广领域寻求绿色交通结构性效益潜力创造条件。重庆是我国西部唯一集水陆空管道运输方式为一体的交通枢纽,横贯我国大陆东西和纵穿南北的铁路干线、高速公路干线在重庆交汇,是国家高速公路网规划和国家中长期铁路规划中的重要枢纽，黄金水道长江穿城而过，拥有作为西南地区最大航空枢纽之一、国家大型枢纽机场的重庆江北国际机场，国家赋予重庆“长江上游地区综合交通枢纽”的地位，为重庆进一步完善综合交通体系、挖掘绿色交通效益创造了条件。

专栏 11-4 重庆交通低碳化亮点——水运

据初步估算，水运单耗仅为公路运输单耗的1/5。重庆境内水系发达，拥有长江、嘉陵江、乌江等河流，适合发展低能耗、大运力的内河运输。已基本形成“一干两支”高等级航道体系。全市航道总里程达到4451km，覆盖全市70%以上的区县。其中，长江航道679km，航道通过能力显著提高，5000t级单船和万吨级船队从下游可直达重庆港，库区10余条主要支流1000t级船舶常年通达，昼夜通航里程875km。全市港口生产用码头泊位869个，全市港口货物通过能力达到1.56亿t，集装箱通过能力达到350万TEU，大型化、专业化、机械化港口群初步形成，水运货运周转量占综合交通比重约60%，稳居各种运输方式之首，长江水运成为物流运输主通道，水运作为低碳交通方式的独特优势得以彰显。随着水路运输装备向标准化、大型化发展，水路低碳运输优势将更加凸显。

（2）交通运输管理体制进一步优化，为交通体系绿色化集约发展提供了体制保障。2014年，重庆市政府调整重庆市交通委员会有关职责和机构编制，增设铁路处、民航处。调整后，重庆市交通委员会将负责推进综合运输体系建设，统筹规划铁路、公路、水路、民航以及邮政行业发展，促进各种运输方式融合；负责组织拟订综合交通运输发展战略和政策，组织编制综合运输体系规划；负责组织起草综合运输地方性法规、政府规章草案，统筹铁路、公路、水路、民航、邮政相关地方性法规、政府规章的起草工作；提出铁路、公路、水路、民航、邮政固定资产投资规模和方向、财政性资金安排意见，参与铁路投融资体制改革和有关政策拟订工作等。作为全市交通主管部门，市交委对于大交通体系的管理力度进一步增强，为综合交通绿色化、集约化发展提供了更有力的组织保障。

（3）资源储备丰富且品种多样，具有发展清洁能源式、新能源式交通运输体系的能源基础。重庆是我国西部电网的负荷中心之一，煤炭、天然气产量大，是我国天然气资源最丰富的地区之一，总资源量7.2万亿m^3，同时还在加大勘探开采储

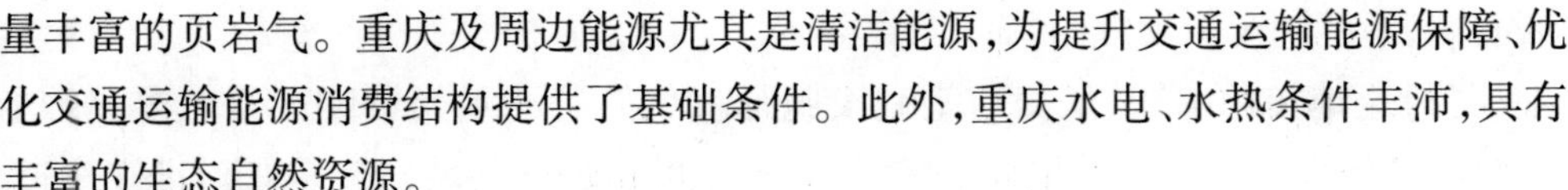

量丰富的页岩气。重庆及周边能源尤其是清洁能源,为提升交通运输能源保障、优化交通运输能源消费结构提供了基础条件。此外,重庆水电、水热条件丰沛,具有丰富的生态自然资源。

(4)交通运输装备研发力量雄厚,具备良好的技术基础和推广条件。重庆不仅拥有长安、福特、现代、力帆等中小型客车生产企业,而且拥有我国当前最大的专业城市客车制造企业之一恒通客车有限公司,同时中国汽车工程研究院以及重庆大学、重庆理工大学、重庆交通大学等汽车技术科研院所也坐落于此,针对清洁能源汽车、新能源汽车以及以车联网为代表的智慧汽车具有雄厚的研发技术力量。此外,作为长江上游和西南地区最大的现代化造船企业,重庆川东船舶重工有限责任公司等船舶制造、技术研发企业众多,南车青岛四方轨道交通装备产业基地落户重庆永川,都为重庆发展绿色交通运输装备提供了技术基础。

(5)国家级试点示范的开展,为重庆发展绿色交通体系提供了优越的政策环境。2011 年,重庆获批全国十个低碳交通运输体系试点城市之一;同年,获批全国八个节能减排财政政策综合示范城市之一,获批全国五个碳排放权交易试点之一;2012 年,重庆成为国家首批 14 个“公交都市”建设试点城市之一;2013 年,获批全国十个绿色循环低碳交通城市区域性试点之一,成渝高速公路复线(重庆境)获批全国七条绿色循环低碳公路主题性试点之一。在试点示范中,国家给予相对宽松的扶持政策,为重庆交通的绿色化转型发展提供了良好的政策环境。

二、劣势分析(Weaknesses)

(1)生态环境脆弱,对绿色交通发展空间形成制约。重庆市地质地貌复杂,河流众多,是长江上游和三峡库区“绿色屏障”的重要组成部分和敏感区域。随着人口快速增长、对资源的过度开发,造成水土流失和土地退化、森林生态系统和重要水体受损等问题。根据定量评价结果,重庆市生态环境指数(EI)值属于生态环境质量一般的类型,且在全国省市排名居后。这就决定了在交通发展过程中要特别注意对生态环境的影响,努力降低负效应,提升正效应。

(2)基础设施落后,对绿色交通装备技术推广形成制约。重庆目前仅建成龙头寺、西永、陈家坪、四公里 4 座 LNG 加气站,南川、铜梁 2 个移动车用 LNG 加气站点,以及主城区建成少量充电桩,主要供长途客运及主城区城市公共交通使用。在能源成本的影响下,社会对于清洁能源、新能源的认同度逐渐升高,但配套设施不完善,导致高速公路、水路等重要通道清洁能源、新能源供应保障薄弱,对于推广清洁能源、新能源车船形成制约。

(3)土地资源稀缺,是交通基础设施绿色化发展的重要影响因素。重庆地貌主要以丘陵、山地为主,坡地面积较大,是典型的山城和江城,穿山隧道、过江通道、交通基础设施通道受地形约束较大,线位资源极其紧张且后期可改造性、可拓展性较差。因此,交通基础设施的建设需要综合考虑目前和今后需求的关系,为今后发展留足空间,实现土地资源的高效利用。

(4)气候条件不佳,对推广交通新能源形成制约。重庆地处亚热带,多雾少风,冬季日照时长较短,不适合大面积开展太阳能和风能等清洁能源利用示范,对推广交通新能源使用形成制约。

三、机会分析(Opportunities)

(1)城市地位提升,为交通绿色化发展提供了更大空间。近年来,伴随低碳交通运输体系试点、碳交易试点、能源减排财政政策综合示范城市、公交都市、绿色循环低碳交通城市试点的获批,国家环境保护模范城市的成功创建,碳交易所的设立,以及《国务院关于推进重庆市统筹城乡改革和发展的若干意见》(国发〔2009〕3号)明确提出重庆要"发展壮大汽车摩托车、装备制造、石油天然气化工等五大支柱产业,发展小排量、混合动力等节能环保型汽车"的指示,为重庆绿色交通体系未来的发展指明了方向,提供了政策空间。

专栏 11-5 《国务院关于推进重庆市统筹城乡改革和发展的若干意见》节选

(十二)着力构建特色优势产业集群。充分发挥现有工业基础优势,培育发展新兴产业,增强主导产业的优势和活力。发展壮大汽车摩托车、装备制造、石油天然气化工、材料工业和电子信息五大支柱产业,形成实力雄厚、关联性强的优势产业集群。做强做大汽车摩托车产业,发展小排量、混合动力等节能环保型汽车、柴油车,推进零部件产业的优化升级,建设有利于自主开发的汽车综合试验场,增设国家摩托车质量检测中心,加快建成中国汽车名城和摩托车之都。振兴装备制造业,支持重庆发展风力发电和轨道交通配套装备。鼓励发展重型铸锻件、齿轮箱、大型柴油机配件等基础零部件产业。建设柴油机关键零部件、传动部件生产基地,创建西部特种船舶、高压输变电设备制造基地。高水平发展石油天然气化工产业,拓展产业规模和产业链。优化提升材料工业,做好重钢环保搬迁和产品结构升级改造。增加氧化铝有效供应,提高精加工的水平。加强国家高新技术产业基地建设,大力发展高新技术产业,提高其在经济总量中的比重。

(二十一)加快综合交通运输枢纽建设。加快对外通道建设,优化运输衔接,完善综合交通运输体系,尽快建成长江上游地区综合交通枢纽。加快建设襄渝复线、宜万、兰渝、渝利铁路和遂渝复线,尽快开工建设渝怀复线、重庆至贵阳铁路、重庆至万州铁路、成渝客运专线、黔江—张家界—常德铁路,规划建设郑渝昆等铁路,形成以重庆铁路枢纽为中心,多条便捷化、大能力对外通道为骨干的铁路网布局,推进团结村铁路枢纽与保税港区物流联动。加快重庆辖区国家高速公路网络建设,稳步开展地方高速公路建设,加快建成"一环两射一联"市内高速公路骨架,国家和省级干线公路达到三级及以上标准,实现"四小时重庆"和"八小时邻省"的公路通达目标。推动长江上游航运中心建设,统筹规划岸线资源和港口布局,重点建设主城、万州、涪陵三个港区,以及长江、嘉陵江、乌江高等级航道。实施改扩建工程,提升江北国际机场枢纽功能。加快发展支线航空,尽快建成黔江机场,开展巫山机场前期工作。尽快完成近期建设规划修编,加快城市轨道交通发展。合理规划地下管网,有效利用地下空间。加强港口、铁路、公路、机场、城市道路的衔接,构建一体化交通换乘系统。支持重庆进行综合交通体制改革试点。加快综合信息基础设施建设,优先考虑在重庆开展"三网融合"试点,支持建设直达国际的专用高速通信通道。

(二十二)加强能源开发建设。以电力为中心、煤炭为基础、天然气为补充,资源开发与区域合作并举,加快建设能源保障体系。加强电力建设,抓紧研究重庆电厂、九龙电厂环保搬迁有关问题,积极推进奉节、石柱电厂项目的建设。稳步提高重庆能源结构中清洁能源、可再生能源和新能源的比重,积极开展小南海水电工程前期工作,抓紧论证布局大型清洁能源项目和炼化项目。有序开发小水电资源,按规划稳步推进水电农村电气化县和小水电代燃料工程建设。加强电网建设和农村电网改造工作。适当加大煤炭资源勘探开发力度,强化煤矿瓦斯利用和安全生产管理。大力开发天然气和煤层气资源,适当增加对重庆的天然气供应,支持天然气就地加工。扩大跨省能源交易。

(2)行业转型升级,为交通绿色化发展提供了持续动力。交通作为国民经济基础产业和先导行业,对经济社会发展起着支撑、保障和引导作用。伴随城市化进程的加速,交通运输转型发展的要求日益凸显。当前交通运输正处于转型升级、加快发展的新阶段,交通运输部确定了以转变发展方式、加快发展现代交通运输业为主线,努力建设资源节约型、环境友好型行业,加快建立以低碳为特征的交通运输体系的发展战略。长久以来,相对粗放的设施供给型的交通发展方式需要加快向更加精细化的服务供给型交通发展方式转变。综合交通、智慧交通、绿色交通、平安交通"四个交通"建设是交通运输部门新形势下的新导向,在此发展背景下绿色交通将有更大作为。

(3)五大功能区差异化发展,为交通绿色化发展提供了规划保障。中共重庆市委四届三次全会提出五个功能区域的战略部署,明确了都市功能核心区、都市功能拓展区、城市发展新区、渝东北生态涵养发展区、渝东南生态保护发展区的差异化定位、差异化路径。《中共重庆市委、重庆市人民政府关于加快推进生态文明建设的意见》(简称《意见》)的颁布,进一步确立了生态文明在重庆发展中的重要意义,明确了五大功能区域发展战略在生态文明建设中的地位。五大功能区差异化发展战略以及《意见》为绿色交通提供了规划保障。

(4)技术手段日益丰富,为交通绿色化发展提供了支撑。在国家倡导建设资源节约型、环境友好型社会的背景下,交通行业广泛开展技术研发,针对基础设施、运输装备、运输组织等方面的节能技术、减排技术、环保技术、循环减量技术、信息化监测与决策管理技术等日益丰富且逐步成熟,为绿色交通体系发展提供了技术支撑。

四、威胁分析(Threats)

(1)资源环境约束明显增强,将缩短交通绿色化转型的周期。随着人口、资源、环境的矛盾日益突出,对可持续发展的制约日益增大。资源约束趋紧、环境污染严重、生态系统退化、气候变化问题突出,已难以承载传统的发展方式,只有大力推进生态文明建设,努力走绿色发展道路,才能从根本上缓解资源环境瓶颈制约,为经济社会持续健康发展奠定坚实基础。狭义而言,交通运输行业对资源环境整体呈负面影响,在资源环境约束日益紧张的背景下,交通运输行业应尽快实现绿色转型发展。

(2)经济下行压力明显增大,在一定程度上将减弱绿色交通发展动力。与直辖以来两位数的高速增长相比,重庆经济已步入以中速增长为标志的“新常态”,以高投入实现高产出的模式已不适应今后发展,经济增速放缓,同时将面临产业结构调整的问题。在这一过程中,经济增量可能会出现降低,对交通产业的经济投入也可能减少,进一步会影响到投入高、经济回报低的交通绿色转型发展投入。

(3)市场框架不完整,影响交通绿色化长效机制的确立。鉴于绿色交通主要彰显社会效益、经济效益不明显的特点,作为参与交通运输行为的企业很难形成绿色化发展的自觉动力。目前,国家及重庆市关于绿色化发展的扶持政策主要体现在节能减排资金的支持、清洁能源成本补贴等方面,其效果在于形成对相关领域的短期引导。虽然目前重庆市已开展碳排放交易试点,但目前尚未包括交通运输领域。交通运输碳排放核算方法学目前尚未成体系,严重影响了行业参与相关市场行为的积极性。作为实现长效机制的基本手段,交通运输绿色化市场框架的不完整将影响转型发展的效率。

第三节　发展方向及重点

一、总体思路

根据基于SWOT模型的重庆绿色交通发展环境分析,目前重庆绿色交通体系发展的优势明显,今后的机会较多,在专家咨询法的基础上,下一阶段可采用优势—机会(SO)[1]作为基本战略,同时积极弥补后天劣势(W),减轻外部威胁(T)造成的影响。

1. 以五大功能区规划为基本导向

根据五大功能区的特点、定位、发展路径制定差异化的发展战略,减少生态环境脆弱、土地资源紧缺、气候条件不佳等劣势带来的影响,减缓资源环境约束增强等威胁。

2. 积极推进大交通体系绿色发展

利用交通方式完备、交通管理体制相对健全的优势,利用行业转型发展的机

[1] 优势—机会(SO)是一种发展内部优势与利用外部机会的战略,是一种理想的战略模式。当具有特定方面的优势,而外部环境又为发挥这种优势提供有利机会时,可以采取该战略。

会,积极开展大交通的系统优化,减缓经济下行压力带给交通运输行业的威胁。

3. 同步建立配套设施及技术、政策体系

大力推进清洁能源、新能源等绿色交通配套基础设施建设;利用特色资源富集、技术研发力量雄厚的优势,结合绿色交通技术日趋丰富的机会,开展绿色交通成套技术攻关;利用试点示范优势和城市地位提升的机会,完善市场机制以减少外部威胁,开展绿色交通政策体系建立,为绿色交通发展提供良好的发展环境。

二、基础设施绿色化发展方向及重点

1. 发展方向

充分考虑资源环境承载能力,结合五大功能区未来功能定位、发展任务、发展路径等,城市功能核心区、城市功能拓展区将继续强化枢纽功能,以智能交通为重要方式,重点加快建设绿色综合交通枢纽;城市发展新区着力提升效率,加快公路、铁路、水路等基础设施的建设,加大信息化技术应用;渝东北生态涵养发展区、渝东南生态保护区加大经济扶持力度,以构建快速通道为主,对普通公路建设加强环境影响论证评估,降低对交通走廊带的生态破坏。

2. 发展重点

充分发挥成套技术的规模效益优势、示范效应优势,开展绿色公路、绿色航道、绿色枢纽建设。同时,严格执行建设项目工可节能篇章制度、节能评估制度、环境影响评价制度、水土保持方案制度、建设期环境监测制度,严格执行运营期环境监测制度,适时推行能耗统计监测制度,逐步建立碳核查机制。

开展绿色公路建设。在成渝高速公路复线绿色循环低碳公路主题性项目总结验收的基础上,重点在渝东北生态涵养发展区、渝东南生态保护区继续开展绿色高速公路的试点示范工作,并在城市发展新区逐步开展绿色普通公路的试点示范;开展全市公路的碳汇林建设工作;结合交通环境监测网络的建设,针对长大隧道、桥梁、城市近郊区公路开展环境监测;结合技术的成熟、政策环境的优化,制定绿色公路工程地方标准,在全市行业内进行推广执行。加强信息化技术在绿色公路中的应用,重点建设高速公路不停车收费系统、区域广播系统、车路系统、高速公路物联网系统,实现公路用户运行效率的提高。

开展绿色航道建设。继续开展太阳能航标灯推广工作。在深化开展航道整治、提高通航能力基础上,重点开展长江、嘉陵江、乌江等一干两支“智慧航道”建设。综合利用多传感器集成的物联网技术、海量数据处理及传输与存储检索、可伸缩分布式电子航道图等创新信息化技术和手段，通过对船舶交通流量的实时、动态感知，建立与航道管理相关的各个部门之间相互协调的、信息共享互联互通的信息化、智能化业务应用系统；推广船舶免停靠报港系统，积极协调三峡船闸信息，实现对内河航道、船闸及船舶全区域、全过程的及时、动态、准确监测、管理和服务。

专栏 11-6　苏南运河无锡段感知航道

苏南运河无锡段感知航道信息化项目由江苏省交通运输厅航道管理局、无锡航道处、思创数码科技股份有限公司共同合作，旨在对苏南运河无锡段，运用物联网技术对航道交通设施管理、船舶交通量观测统计、航道的船舶密度、水位等状况获取实时信息，形成了一个完整的“感知航道”信息化系统。

该项目运用 Zigbee 无线传感系统，实现了运河近域的无线传感网覆盖和传感器热插拔；实现了对航道两岸的标志标牌的倾倒、移动及被盗等情况的实时响应和视频现联动；实现了对航道水位的实时检测及回传。同时，航道的实时状况信息也通过无线传感网络，发布于可变情报板上。

该项目运用激光传感器，实现了对单位时间内通过水域所有船舶的数目、方向、船只类型、船速、总吨位和实载货量等数据的实时获取。

苏南运河无锡段通过设置视频监控点，不仅对 39.276km 的整个航道实现了全覆盖的视频监控，而且通过对获得的视频图像采用了智能识别和分析技术，实现了对航道在航船舶的密度、船舶违章停靠、航道沿岸的非法建设和在建设施等方面的实时监管。

开展绿色枢纽建设。以城市功能核心区和城市功能拓展区为重点，针对西彭、复盛、上桥（铁路重庆新客运站）等未建或在建的综合换乘枢纽进行绿色优化，推广体形结构优化、应用外墙保温相变材料、综合运用节能照明、通风、制冷技术和水循环处理利用技术，利用协同信息系统实现对枢纽内多种运输方式客流的引导，打造以高效便捷为特色的绿色客运枢纽；提升果园、龙头、新田等重要港口的智能化水平，安装使用以清洁能源和电能为主的装卸运输装备，开展生产工艺优化，打造以节能低碳为特色的绿色港口；针对渝新欧、团结村、寸滩、南彭等主城重要物流枢纽,按照不低于绿色建筑评价标准二级的标准进行建设,以物联网技术为基础开展枢纽内信息化建设,实现物流过程中在枢纽内存储、包装、装卸等环节的一体化。

专栏 11-7　上海虹桥综合枢纽的信息化系统

上海虹桥机场是一个面向全国、服务长三角的综合交通枢纽,涵盖了除水运之外的城市对外交通和城内交通,是一个日旅客吞吐量超过 110 万人次的超大型世界级交通枢纽。其交通管理系统由交通管理中心、道路交通管理系统、公共交通管理系统三部分组成。交通管理中心为交通管理系统的核心控制机构,对枢纽内所有道路交通进行集中监视、管理,实时处理外场设备采集的交通数据和视频信息,实现与有关道路路网管理、交通管理和政府管理部门的联网通信和信息传递;道路交通管理系统负责监视、管理枢纽范围内的快速集散道路与地面道路交通车辆,担负整个路网对社会车辆运行信息采集、诱导信息发布任务;公共交通管理系统负责监视、管理枢纽范围内的长途客运、出租汽车以及公交车等公共交通车辆,并针对不同的交通方式设置各自独立的监控分系统。

在虹桥综合交通枢纽中,各个单位都有着相对独立的信息系统,通过公共信息网络平台,使整个虹桥枢纽内的机场、高速铁路、城市铁路、磁浮、地铁、公交车、出租汽车等 9 种独立运行交通方式,通过公共信息网络的平台实现信息互联互通、数据交互和信息共享。该系统平台和市区道路监控系统连接,因此外部道路的交通信息也会出现在这一大屏幕上,在虹桥枢纽行驶的驾驶员就可以获得实时的市区道路情况信息。

此外,基于传感器的系统可以更早地发现潜在的设备故障,结合各种基础设施监控功能,控制中心将所有信息经由主电脑智能化的功能分析,可降低交通意外事故的发生;在虹桥机场附近,由安装道路上的上百台交通事件检测器等组成的交通事件检测系统,可在第一时间针对意外事件自动报警,提高了对交通意外事件的快速反应和处置能力;根据上海虹桥机场的结构和机动车、非机动车、航班、城市铁路混合的交通特点,智能化交通管理系统还在枢纽附近建成了交通信号区域控制系统,系统通过埋设在路口的交通流检测器采集到的交通流信息,对路口交通信号进行实时优化,可以实现单点的感应优化控制、干线绿波协调控制和区域优化协调控制。

三、运输装备绿色化发展方向及重点

1. 发展方向

根据重庆未来“五大功能区”区域交通发展规划定位,都市功能核心区、都市功能拓展区运输装备既有规模基础较大,应通过技术改造、逐步更新指标,结合绿色维修等配套服务,实现运输装备结构的绿色化;城市发展新区、渝东北生态涵养发展区、渝东南生态保护发展区新增运输装备需求较大,应严把准入关,从购置环节着手,着重推广清洁能源、新能源运输装备。

2. 发展重点

根据节能环保型运输装备技术成熟度、适用范围以及市场需求等因素,重点对清洁能源和新能源车辆、船舶以及运输装备节能改造技术进行推广。同时,严格执行营运车船燃料限制制度,对各种运输方式单位周转量能耗进行严格控制。

推广清洁能源和新能源营运车船应用。大力推进 CNG 在城市公交、农村公交的应用,同时在充电桩相关配套设施以及相关政策完善的基础上,鼓励推广纯电动公交在城市功能核心区、拓展区及城市发展新区的应用。结合车用 LNG 加注站的逐步建设,对中长途城际客运车辆、长途货运车辆、干线运输船舶推广 LNG 燃料动力更新。

尝试开展绿色运输装备全过程补贴。针对营运性运输装备以及社会车辆,在公布地方性绿色运输装备推广目录的基础上,开展地方性购置补贴、维修补贴以及报废更新补贴,全面对绿色运输装备运行环境进行优化。

四、运输组织绿色化发展方向与重点

1. 发展方向

充分考虑重庆交通运输特点和市场环境,城市功能核心区、城市功能拓展区将结合轨道交通的成网开展大公共交通系统的层次优化,突出智能化手段的应用,促进多方式进一步融合。同时,结合内环限货政策,对物流网络进行层次分级,适时出台配送物流的地方标准;城市发展新区以综合客运枢纽建设为契机,开展城市内外运输一体化、城乡运输一体化的推进,并逐步开展多式联运、高效客运示范;渝东北生态涵养发展区、渝东南生态保护区应加大运输网络的布局力度,加强城市公共交通发展、农村客运发展、农村物流体系建立,适时结合大型港口开展货物的多式联运试点。

2. 发展重点

进行综合运输结构优化。协调三峡船闸，提升过坝能力，通过发展 LNG 干线货运船舶，进一步降低水运成本；进一步挖掘渝新欧通道运能，发挥团结村等铁路货运枢纽功能，提升铁路、水运在运输通道中的骨干作用。

开展公共交通系统建设。继续完善市域轨道交通网络，不断优化公共交通运营组织和票价结构，逐步开展里程累积制的票制改革，推进公共交通一体化；开展城市功能核心区、城市功能拓展区的公交专用道布局规划，提升公交效率提供优先路权；在城市功能拓展区的外围开展需求响应式公交系统建设；加快城市发展新区、渝东北生态涵养发展区、渝东南生态保护区的城市公共交通系统建设，使其纳入正规化运营；建立以服务质量考核为依据的公交企业财政补贴机制。

开展城市与区域范围的交通需求管理。设立以城市功能核心区重要商圈为主的低排放区，区内实行征收拥挤费、高费率停车费；出台汽车停驶奖励办法，在减免保险费用、车船使用税、路桥通行费的基础上，对停驶期间的停车、周期维护进行统一管理，并根据停驶时间进行奖励；高速公路针对非营运性客车采用以实载率为依据的浮动费率收费，对实载率高的客车采用低费率以鼓励合乘。

开展客运一体化。以交通体制优化为契机，开展更深层次的多方式客运一体化优化，提升江北机场、重庆北站等重要城市内外交通换乘枢纽的换乘便捷性；推进城乡道路客运一体化发展，鼓励条件适宜的农村客运和短途客运开展公交化运营；发展多样化农村客运组织方式；鼓励旅游客运与班线客运资源共享。

发展多式联运。以一单制货物联运为导向，建立多式联运技术装备、基础设施、操作流程等方面的标准体系；在果园、东港、黄磏等大型港区以及团结村集装箱中心站、南彭等重要物流基地开展甩挂运输；在龙头、新田等港区开展甩挂运输试点示范；出台鼓励发展挂车租赁、挂车互换的相关政策；适时开展并行高速公路扩能改造的客货分线运行试点示范，为提高物流速度、保障运输安全提供新的思路。

政府主导建设智慧出行与物流系统。进一步整合城市中出租汽车、公交车 GPS 浮动车数据，整合区域交通中“两客一危”浮动车数据，结合视频检测、流量检测、流量数据推算模型等，挖掘数据使用潜力，提高交通事件检测的精度和效率，为出行决策提供参考；重点围绕公共汽车，整合轨道、出租汽车等数据资源，实现公交车辆运营调度的智能化、公交车辆运行的信息化和可视化；按照《交通运输物流公共信息平台建设纲要》《交通运输物流公共信息平台国家级行业管理系统建设方案》

《交通运输物流公共信息平台区域交换节点建设指南》要求,开展全市性物流信息平台建设;通过安装车辆终端、建立综合管理调度中心,实现调度中心对车辆状态的实时监控与智能调度;完善航空、铁路、水路等方式与公路、城市运输等集疏运方式之间的信息交互系统,使集疏运服务提供方能及时有效地掌握客货流到达特征,智能化安排运力;进一步整合铁路联网售票、航空联网售票、公路联网售票资源,开展面向多式联运的联网售票系统建设,实现出行方案设计、出行票务购买一体化。

专栏 11-8 重庆出行信息发布系统完善建议

2013 年,重庆市交委开发的重庆交通出行网(http://cx.cqjt.gov.cn/)正式开通,分四大功能板块:公路出行、城市交通、长途出行以及便民服务,实现了路网信息的准实时发布(刷新周期 5min/次),方便了居民出行。但限于管理体制的原因,部分数据仍未整合,显示信息仍待进一步丰富。

针对该系统,可进一步对公交 IC 卡数据资源进行整合,分析各线路、各公交车辆实载情况,为乘客选乘提供帮助;可进一步对高速公路收费站数据进行整合,结合两客一危浮动车数据实现高速公路速度、流量的直观显示;基于该系统,可进一步结合电子车牌 RFID 系统建立车辆识别及动态监测平台,以“电子围栏”的形式对内环内货车、黄标车进行识别、处理。

五、绿色交通发展环境优化

1. 确定目标导向

为明确绿色交通的技术体系、发展方向、发展方式,本项目将绿色交通进行指标分解,在指标要求下构建了包括技术手段、经济手段、管理手段及法规标准手段在内的措施体系,基本解决了方向和方式的问题。下一步应针对指标进行定量化研究,确定当前阶段、下一阶段各指标应当达到的具体状态,如目前综合交通运输结构比例问题、公路网等级结构比例问题、新能源车辆推广比例问题、航空生物燃料航空器占比问题等。

同时,应加快研究制定地区性绿色交通发展路线图,推进交通运输体系绿色发展宏观战略研究,提出 2030 年、2050 年等中长期交通绿色转型发展的目标及量化指标,研究确定不同情境下重庆市交通温室气体排放峰值并提出尽快达到峰值的路径。

2. 完善智慧决策体系

围绕“一个核心”❶,完善“两个平台”❷,建设“三大系统”❸,加快建设以“四通五化”❹为特征的覆盖全市的智慧交通运输系统。以城市功能核心区为核心平台依托,以城市功能拓展区和城市发展新区为服务重点,强化对渝东北生态涵养发展区、渝东南生态保护区的信息化覆盖,逐步形成“一核心两基础”❺的智慧交通框架体系。

整合既有数据资源,强化信息采集、网络通信和数据共享,深化信息资源的开发利用,运用以物联网、云计算为代表的新兴技术,促进信息技术与交通运输管理和服务全面融合,围绕行业“公众服务、业务管理”两大核心功能要求,着力提升决策管理的智能化水平,提高决策效率,切实提升信息化在加快转变发展方式中发挥更重要的带动作用。

开展数据资源整合。开展公交车及出租汽车浮动车数据、两客一危浮动车数据、公交 IC 卡及轨道刷卡数据、高速公路刷卡数据、普通公路交调数据、各方式售票数据等内部资源进行整合,接入 RFID 电子车牌数据、交通监控数据以及特定区域的手机终端定位数据,开展交通大数据的应用。

专栏 11-9 交通大数据应用

2014 中国大数据技术大会发布了《中国大数据技术与产业发展白皮书(2014)》,其中指出目前我国已具备加快发展大数据产业的基础和条件,大数据产业链也正在加速形成。以大数据为技术的产业链中就包括交通,通过从车辆收集数据(如 OBD 接口)、政府部门主导的车联网、移动互联网三种方式收集数据,进行数据挖掘,对交通运输管理具有重要意义。

地图厂商高德的“交通报告”是基于超过 3 亿地图用户每天所上传的大

---

❶“一个核心”:以实现交通运输跨越式发展,发挥交通运输信息化在带动交通运输产业升级、构建综合交通运输体系中的重要作用为核心。

❷“两个平台”:交通运输基础网络平台和业务应用平台。

❸“三大系统”: 公众服务系统、应急保障系统、行业管理系统。

❹ 四通五化”: 公众服务一号通、决策指挥一站通、业务管理一网通、企业经营一线通;信息采集网络化、公众服务便捷化、应急保障高效化、行业管理规范化、决策支持科学化。

❺“一核心两基础”:以城市功能核心区为核心节点,以渝东北生态涵养发展区的万州、渝东南生态保护区的黔江为基础节点的组织体系。

量LBS数据，通过数据挖掘的方式得出量化拥堵结果。目前，高德支持139个城市的交通情况分析，分析可以从城市、时间、路段多个维度交叉进行，通过关联分析，可以发现APEC限行、暑期开学、天气状况对交通的影响。这份报告的价值在于，它不只是给出一堆数据，还分析了原因和给出了建议。对于北京，建议针对快速路可采取设置较长的缓冲带、关键出入口设置车流诱导、对相邻的入口匝道车流量进行协调；针对城市道路，则可以采取改善道路交通组织、疏通道路，治理停车不规范等措施。除了北京，高德给福州、杭州等城市同样提供了一些治堵建议。

除了根据已经发生的交通行为得出数据分析报告之外，大数据利用提取到的居民出行特征分析手段，在智能交通领域还有更多可为，如无人驾驶汽车、实时交通调控、社会化交通、大数据规划等。

开展区域交通建设与管理决策分析系统建设。结合交通运输环境监测网的开展，开展建设期、运营期环境在线监测系统建设；针对重点企业，开展能耗在线监测；建立区域交通基础设施日常运行数据分析模型系统，系统整理分析交通运行数据，并建立决策支持模型，为交通管理、交通控制以及基础设施建设决策建立长效、可靠的数据来源分析机制。

专栏11-10 关于建设重庆高速公路交通流量可视化分析系统的建议

目前，重庆市高速公路收费采用IC卡方式进行。依托路网监控设施和收费站采集交通流量流向、车型、运行速度等丰富的高速公路运行状况动态实时数据源。但目前这些数据源没有很好地进行分析、处理，以致无法高效应用于行业管理中。既有高速公路等重大基础设施进行工程可行性研究时，多采用人工调查的方式进行，效率差且影响范围受限较大。

以高速公路收费站刷卡数据及路段速度检测数据为基础，可建立高速公路交通流量—速度分布模型，将其可视化后可及时发现瓶颈路段和交通异常事件；同时，利用该系统可形成长效稳定的数据整理分析机制，可对采取交通管制、新建高速公路等决策进行仿真分析，预测采取决策后的交通流量重分布形态，合理做好预防对策。

开展城市交通运行监控决策系统建设。充分利用公交IC卡数据,结合站点信息推算公交线路客流量、特定人群日常公交出行OD分布,为公交调度、调整优化公交线路提供决策支持;利用电子车牌和RFID系统,建立物流车辆和普通货运车辆电子围栏,为监管货运车辆提供自动化手段;利用浮动车数据和手机终端定位数据建立城市交通运行状态分析系统,实时检测交通异常事件,消除突发性堵点。

专栏11-11　关于建设重庆城市公交客流分析决策支持系统的建议

目前,重庆市主城区公交IC卡刷卡量已占居民公交乘车客运量的60%以上,以IC卡刷卡数据进行公交客流的整体分析样本具有代表性;此外,公交IC卡刷卡时车载终端将自动记录该卡卡号以及刷卡时间等字段,经过刷卡时间聚类或与公交GPS时钟匹配,可识别各持卡人上车地点和时间,经较长时间积累可形成规律性数据,识别持卡人规律性出行OD。因此,通过IC卡数据建立城市公交客流分析系统具有可操作性。

该系统建成后可提供的功能如下:(1)推算各公交线路客流时空分布,为调整公交线路提供决策支持;(2)推算各公交车内人数,并通过数据实时回传实现调度中心的实时响应,为优化运力调度提供决策支持;(3)统计、推算换乘量、优惠人群刷卡量,为政府对公交运营企业进行合理财政补贴提供决策支持。

开展设备资源整合。利用云计算技术,针对分布式信息化资源,采用云存储、云服务器等模式,减少设备投入、机房场地资源占用以及日常运维消耗。

专栏11-12　重庆市普通公路信息化工程中的云数据库

重庆市公路局在其普通公路信息化一期工程中,根据业务管理对数据管理的需求,同时考虑到管理人员的熟悉程度,开发了一套基于公路基础属性数据管理的平台系统,实现对基础数据简单、方便的统一管理,并以此为平台搭建重庆市地方公路信息云数据中心,实现全行业单位和个人对数据的统计、分析以及查询应用,区县用户可直接采集、审核、更新、查询本辖区内数据。

> 通过数据的集成应用,为全市各级公路管理部门提供了全面的公路信息化服务,各区县交通管理部门通过普通公路综合业务专网,直接访问数据中心获取所需的各类数据,避免多头建设以及标准不统一带来的无法兼容和资源浪费情况,降低了区县服务器、机房等设施设备的投入,减少了此类设备的能源消耗。

重庆近期应在明确数据接口标准的前提下,大力推进数据资源整合,初步实现交通大数据的挖掘利用;结合云计算技术的成熟,加快推进信息化设备资源整合;积极开展高速公路交通量可视化分析系统建设,为即将到来的又一轮高速公路建设高潮提供科学、可靠的决策建议。

3. 优化管理体系

组织保障方面,整合建立包括规划、建设、运输管理、环保、科技等岗位人员在内的绿色交通发展领导小组办公室,明确工作职责,推行"一岗双责"管理体制,落实工作职责的离任审计制度;充分发挥交通委员会的体制优势,落实委员制度,将规划、建设、国土、环保、科技等市级相关部门分管领导纳入委员,以此为基础建立绿色交通发展协调机制。

制度建设方面,搭建三大绿色交通发展制度:一是交通运输资源消耗监测与处置制度,二是交通运输环境影响监测与处置制度(包括碳足迹认证制度等),三是绿色交通市场机制推进制度,由此形成一个闭环的绿色交通发展和控制制度体系。制定《交通运输能耗监测统计制度》,建立针对基础设施建设运营、运输组织承担单位的能耗统计分析制度;编制《交通基础设施环境监测制度》,明确对基础设施在建设期、运营期开展环境监测,界定参与各方的职责;建立碳核查和对标机制,为企业年度绿色化目标考核提供方法;严格执行建设项目用地预审、工可节能篇、节能评估、水土保持编制制度,落实环境保护"三同时"制度和环境保护设施竣工验收制度。

市场机制方面,通过建立以下五种市场机制来建立绿色经济制度体系发展平台:一是建立能源、资源、环境性产品及服务的价格信号导向机制;二是实行谁污染谁付费的责任延伸机制;三是建立能源资源消耗、污染物排放的标准体系及第三方监测机制;四是建立排放限值制度和排放权交易机制;五是建立技术准入许可机制以及节能环保服务企业专业化运营机制。鼓励企业通过合同能源管理、碳交易、排污权交易等方式开展市场机制探索。以重庆碳排放交易所、重庆联合产权交易所为重要依托,重点完善交通移动源碳排放以及排污量核算核查方法学,稳步推进交通运输排放交易市场的形成。积极借助交通绿色发展带来经济效益的提高,借鉴合同能源管理的方式建立合同资源管理模式,为绿色交通注入持续发展动力。

专栏 11-13 《重庆市人民政府办公厅关于印发重庆市进一步推进排污权(污水、废气、垃圾)有偿使用和交易工作实施方案的通知》出台

十八届三中全会提出,要加快生态文明制度建设,发展环保市场,推行节约能量、碳排放权、排污权、水权交易制度,建立吸引社会资本投入生态环境保护的市场化机制。《国务院关于创新重点领域投融资机制鼓励社会投资的指导意见》(国发〔2014〕60 号)第 6 条提出,"积极推进排污权有偿使用和交易试点,建立排污权有偿使用制度,规范排污权交易市场,鼓励社会资本参与污染减排和排污权交易。"《国务院办公厅关于进一步推进排污权有偿使用和交易试点工作的指导意见》(国办发〔2014〕38 号)专门就排污权有偿使用和交易工作的实施作出了具体的政策安排。《中共重庆市委重庆市人民政府关于加快推进生态文明建设的意见》(渝委发〔2014〕19 号)提出,"健全排污权有偿使用和交易制度,建立废气、污水和垃圾等污染物排放指标的市场化交易机制"。同时,市委市政府将建立排污权有偿使用和交易制度作为生态文明体制改革重大事项,纳入全市 133 项重点改革任务。

2014 年 12 月 31 日,重庆市政府下发《重庆市人民政府办公厅关于印发重庆市进一步推进排污权(污水、废气、垃圾)有偿使用和交易工作实施方案的通知》(渝府办发〔2014〕178 号),明确了实施对象及污染物指标、排污权的获取方式、排污权指标的管理、排污单位对其排污权拥有的权利、排污权的购买和交易、初始排污权的核定、初始排污权申购过程、排污权交易基准价格、排污单位需要通过交易市场交易排污权、排污权交易过程等内容。排污权有偿使用和交易制度的全面实施和深入推进,对于促进环境质量改善和经济社会健康发展具有重要意义,对于健全环境成本合理负担机制和污染减排激励约束机制、建立推动环境资源和资本有序流动的市场机制、降低污染治理社会平均成本等具有重要意义,并必将对未来产业结构调整、环境管理转型、环境资源市场配置、总量减排精细化管理等都将起到显著的促进作用。

能力建设方面，编制《绿色交通发展中长期战略规划》，明确发展目标和导向；落实交通运输能耗与环境监测制度，对重点企业和重要敏感点开展在线能耗监测、在线环境监测；加快健全地方性温室气体排放基础统计指标体系，完善地方温室气体清单编制方法，建立温室气体排放信息系统；加快完善交通资源环境协调发展的制度框架，研究建立交通发展主要资源和排放的总量控制制度，在环境污染排放许可的基础上开展交通温室气体排放许可工作；研究制定《绿色公路工程地方标准》《绿色港口工程地方标准》《营运运输装备燃料限值》等地方标准以及《绿色运输装备推广目录》。

宣传培训方面，以交通节能宣传周为基础，拓展宣传渠道，加大宣传力度，建立以绿色交通为主要内容的周期性宣传方式；利用微博、微信等新媒体加大对公众的不定期宣传，以科普方式引导民众绿色交通意识的建立；加强绿色交通人才保障建设，开展新形势下交通绿色转型发展职业培训；加大交通运输节能环保新技术、新产品在重庆市的推广应用，培育绿色交通发展的技术土壤。

参考文献

[1] 马仁杰,王荣科,左雪梅. 管理学原理[M]. 北京:人民邮电出版社,2013.

[2] 欧阳志云,王如松. 区域生态规划理论与方法[M]. 北京:化学工业出版社,2005.

[3] 鞠美庭,方景清,邵超峰,等. 港口环境保护与绿色港口建设[M],北京:化学工业出版社,2010.

[4] 伯德斯,等. 城市交通需求管理培训手册[M]. 温慧敏,等译. 北京:中国建筑工业出版社,2009.

[5] 中小城市经济发展委员会. 中小城市绿皮书·中国中小城市发展报告(2010):中小城市绿色发展之路[M]. 北京:社会科学文献出版社,2010.

[6] 晏克非. 交通需求管理理论与方法[M]. 上海:同济大学出版社,2012.

[7] 蔡侃. 生态经济理论与中国产业政策导向[D]. 东华大学,2010.

[8] 章玉,胡兴华,陈波. 节能减排政策下我国城市交通需求管理的策略[J]. 综合运输,2014,(6):68-71.

[9] World Bank, 1997. China in 2020:Development Challengees for the New Century. World.

[10] Bank. Chinese version published in 2002 by China Finance and Economics Press.

[11] Chris Bradshaw. The Valuing of Trips. Revised Sep 1994,Prepared for Ottwalk and the Transportation Working Committer of the Ottawa-Carleton Round-Table on the Environment.

[12] Sustainable Transport: A Source book for Policy-makers in Developing Cities Division 44 in Project "Transport Policy Advice". GTZ,2003.

[13] 王珍珍. 城市绿色交通评价指标及方法研究[D]. 北京交通大学,2012.

[14] Yuval B;Flicstein D Broday. The Impact of A Forced Reduction in Traffic Volumes on Urban Air Pollution,2008 (03).

[15] Haibo Chen, ANamdeo, Margaret Bell. Classification of Road Traffic and Roadside Pollution Concentration for Assessment of personal Exposure [J]. Environmrntal Modelling & Software, 2008, 23 (3).
[16] 刘丽莉. 评价指标选取方法研究[J]. 河北建筑工程学院学报, 2004, 2(1): 134-136.
[17] Fusun Ulengin, Ozgur Kabak, Sule Onsel. A Problem-Structuring Model for Analyzing Transportation-environment Relationships [J]. European Journal of Operational Research, 2010.
[18] 赵娜. 基于绿色交通理念的石家庄交通体系研究[D]. 河北农业大学, 2011.
[19] 林震. 城市交通可持续发展理论研究[D]. 北京交通大学, 2003.
[20] 王炜. 城市交通系统可持续发展规划框架研究[J]. 东南大学学报(自然科学版), 2001, 31(3): 31-35.
[21] 刘恒伟, 麻林巍, 付峰, 等. 城市交通能源可持续发展规划理论体系初探[J]. 中国能源, 2007, 29(4): 21-25.
[22] 蒋育红, 何小洲, 过秀成. 城市绿色交通规划评价指标体系[J]. 合肥工业大学学报(自然科学版), 2008, 31(9): 1399-1402.
[23] 何玉宏. 城市绿色交通论[D]. 南京林业大学, 2009.
[24] 胡兴华. 重庆市绿色交通发展战略研究[J]. 综合运输, 2015, (2): 41-46.
[25] 胡洁, 卢毅, 李英杰. 绿色循环低碳交通运输概念辨析[J]. 管理观察, 2014, (7): 124-125.
[26] 王利军, 李英杰, 陈强. 区域绿色循环低碳交通运输发展评价[J]. 交通企业管理, 2014, 29(6): 39-41.
[27] Anthony D May, 蒋中铭. 欧洲绿色交通发展经验[J]. 城市交通, 2009, (6): 17-22.
[28] 胡洁, 卢毅, 李英杰. 绿色循环低碳交通运输概念辨析[J]. 管理观察, 2014, (7): 124-125.
[29] 胡兴华. 绿色交通概念解析[J]. 交通节能与环保, 2015, (2): 52-60.
[30] 左玉辉. 环境经济学[M]. 北京: 高等教育出版社, 2003.
[31] 郭怀成, 尚金城, 张天柱. 环境规划学[M]. 北京: 高等教育出版社, 2001.
[32] 罗霞, 姚新胜. 交通产业结构[M]. 北京: 人民交通出版社, 2010.
[33] 陆化普. 交通规划理论与方法[M]. 北京: 清华大学出版社, 2006.

[34] 宿凤鸣.低碳交通的概念和实现途径[J].综合运输,2010,(5):13-17.
[35] 杨立中,贺玉龙,熊春梅,等.绿色铁路理论及评价[M].成都:西南交通大学出版社,2014.
[36] 刘伊生.绿色低碳发展概论[M].北京:北京交通大学出版社,2014.
[37] 孙忠国.铁路运输节能减排技术[M].北京:化学工业出版社,2009.
[38] 张劲泉,王昭春,易振国,等.绿色公路建设关键技术研究与实践[M].北京:人民交通出版社,2014.
[39] 上海市经济团体联合会,上海市化学化工学会.节能减排理论基础与装备技术[M].上海:华东理工大学出版社,2010.
[40] 沈鸿雁.基于全寿命周期的公路建设政策理论、方法与应用[D].同济大学,2007.
[41] 欧阳斌.建设低碳交通运输体系的战略思考[J].综合运输,2011(11):15-18.
[42] 金鑫.低碳高速公路建设关键技术框架分析[J].黑龙江交通科技,2013(5):196.
[43] 傅志寰,胡思继,姜秀山,等.中国交通运输中长期节能问题研究[M].北京:人民交通出版社,2011.
[44] 龙江英,吴乔明.低碳城市交通体系规划之关键技术研究[M].成都:西南交通大学出版社,2012.
[45] 章玉,胡兴华,黄伟宏.我国绿色运输系统的发展政策探讨[J].交通节能与环保,2013,(3):6-8.
[46] 中华人民共和国交通运输部.2011 中国交通运输节能减排与低碳发展年度报告[M].北京:人民交通出版社,2012.
[47] 中华人民共和国交通运输部.2012 绿色循环低碳交通运输发展年度报告[M].北京:人民交通出版社,2013.
[48] 魏华.公路环境影响后评价[J].交通建设与管理,2014,(11).
[49] 中华人民共和国交通运输部.2013 绿色循环低碳交通运输发展年度报告[M].北京:人民交通出版社,2014.
[50] 李仲海,田春树.绿色建材在公路生态边坡工程中的应用[J].交通建设与管理,2014,(22).
[51] 彭武雄,李建忠,刘金.基于绿色交通的城市规划评价方法研究[C]// 中国城市交通规划 2011 年年会暨第 25 次学术研讨会,2011.

[52] 程晶. 巴西创建城市绿色交通的经验[J]. 武汉交通职业学院学报,2005,7(4):5-7.

[53] 陆建. 城市交通系统可持续发展规划理论与方法[D]. 东南大学. 2003.

[54] 邓明君,张和平,陈葵. 绿色交通系统关键要素关系及构建方法分析[J]. 交通科技与经济,2013,15(6):9-13.

[55] 周娜. 推进绿色交通体系建设的对策建议[J]. 环境保护科学,2014,40(2):90-92.

[56] 樊国昌. 碳金融市场概论[M]. 重庆:西南师范大学出版社,2014.